Editorial

Liebe Leserinnen und Leser,

das NABU Gut Sunder – diesmal ein Ort der besonderen Art für unsere DHG-Mitgliederversammlung am 30. April – bereicherte unser Treffen mit Sonnenschein und Vogelchor. So übernahm die Natur das Beiprogramm und lockte mit attraktiven Angeboten. Ob gleich nach Ankunft, vor dem Frühstück oder auch zwischendurch: Die Umgebung lud zu Erkundungstouren ein.

Der Mitgliederversammlung – Kerngeschehen des Ganzen – wurde diesmal bewusst viel Zeit eingeräumt, und alle Teilnehmer nutzten sie und brachten viele konstruktive Anregungen und Vorschläge ein, wovon auch das SOMMERGRAS profitiert. Nach den ersten formalen Tagesordnungspunkten gab es einen Wehmutstropfen, denn Georges Hartmann, ein Urgestein der DHG, wurde als Vorstandsmitglied verabschiedet. Ich bin mir sicher, dass er hin und wieder virtuell durch die Vorstandszimmertür hereinblinzeln wird, um bei Bedarf mit seinen langjährigen Erfahrungen auszuhelfen. Die Neuwahlen brachten dann ein überraschend erfreuliches Ergebnis: Die DHG hat einen neuen siebenköpfigen Vorstand! Claudia Brefeld, Brigitte ten Brink, Petra Klingl, Eleonore Nickolay, Peter Rudolf, Klaus-Dieter Wirth und Stefan Wolfschütz.

Die kommenden zwei Jahre werden also von vielen zupackenden Händen und kreativen Köpfen begleitet.

Und ein Ort für das nächste DHG-Treffen ist auch schon anvisiert: NABU Berlin.

Sie merken es schon? Die DHG bleibt in Bewegung!
Ich wünsche allen Lesern erholsame Sonnenscheinmomente –
und kommen Sie gut durch den Sommer!

Ihre Claudia Brefeld

(Protokoll und Berichte der MV legen wir dem SOMMERGRAS 118 bei)

Inhalt

Deutsche Haiku-Gesellschaft e.V.

Die Deutsche Haiku-Gesellschaft e.V.[1] unterstützt die Förderung und Verbreitung deutschsprachiger Lyrik in traditionellen japanischen Gattungen (Haiku, Tanka, Haibun, Haiga und Kettendichtungen) sowie die Vermittlung japanischer Kultur. Sie organisiert den Kontakt der deutschsprachigen Haiku-Dichter/-innen untereinander und pflegt Beziehungen zu entsprechenden Gesellschaften in anderen Ländern. Der Vorstand unterstützt mehrere Arbeits- und Freundeskreise in Deutschland sowie Österreich, die wiederum Mitglieder verschiedener Regionen betreuen und weiterbilden.

[1]Mitglied der Federation of International Poetry Associations (assoziiertes Mitglied der UNESCO), der Haiku International Association, Tôkyô, der Gesellschaft für zeitgenössische Lyrik e.V., Leipzig, Ehrenmitglied der Haiku Society of America, New Orleans.

Anschrift Deutsche Haiku-Gesellschaft e. V., z. Hd. Stefan Wolfschütz, Postfach 202548, 20218 Hamburg

Vorstand:
Info/DHG-Kontakt Claudia Brefeld, Auf dem Backenberg 17, 44801 Bochum,
und Redaktion Tel.: 0234/70 78 99, E-Mail: claudia.brefeld@dhg-vorstand.de
E-Mail: info@deutschehaikugesellschaft.de

Redaktion Eleonore Nickolay, 78, Avenue du Général Leclerc, F-77360 Vaires sur Marne, Tel.: 0033/160202350, E-Mail: eleonore.nickolay@dhg-vorstand.de

Kassenwartin Petra Klingl, Wansdorfer Steig 17, 13587 Berlin, Tel.: 030/5618694, E-Mail: petra.klingl@dhg-vorstand.de

--- Peter Rudolf, Gartenweg 6, CH-4143 Dornach, Tel.: 0041/617021895, E-Mail: peter.rudolf@dhg-vorstand.de

Website Stefan Wolfschütz, Curschmannstraße 37, 20251 Hamburg, Tel.: 040/477965, E-Mail: stefan.wolfschuetz@dhg-vorstand.de

Brigitte ten Brink, Kelhofstr.1, 78465 Konstanz, Tel.: 07533/998722, E-Mail: brigitte.tenbrink@dhg-vorstand.de

Internationale Klaus-Dieter Wirth, Rahserstraße 33, 41747 Viersen,
Kontakte Tel.: 02162/12243, E-Mail: kd.wirth@dhg-vorstand.de

Sowie:
Redaktion Simone K. Busch, E-Mail: Simone.K.Busch@web.de
Öffentlichkeitsarbeit Dr. Beate Wirth-Ortmann, E-Mail: drw-o.haiku@t-online.de

Bankverbindung: Landessparkasse zu Oldenburg, BLZ 280 501 00, Kto.-Nr. 070 450 085 (BIC: SLZODE22XXX IBAN: DE97 2805 0100 0070 450085)

Bibliografische Information der Deutschen Nationalbibliothek:
Die Deutsche Nationalbibliothek verzeichnet diese Publikation in der Deutschen
Nationalbibliografie; detaillierte bibliografische Daten sind im Internet über
dnb.dnb.de abrufbar.

©2017 Deutsche Haiku-Gesellschaft
Herstellung und Verlag: BoD –
Books on Demand, Norderstedt
ISBN 978-3-744835-08-4

Haiku-Kaleidoskop

Klaus-Dieter Wirth

Grundbausteine des Haiku (XXIX)
dargestellt an ausgewählten Beispielen

Symbol

Ein Symbol (griech. *sýmbolon* = Erkennungszeichen, Merkmal, Sinnbild) ist im engeren Sinne „jedes Schrift- oder Bildzeichen mit verabredeter oder unmittelbar einsichtiger Bedeutung, das zur verkürzten oder bildhaften Kennzeichnung und Darstellung eines Begriffs, Objekts, Verfahrens, Sachverhalts u. a. verwendet wird"[1]. Man denke etwa an die Verkehrszeichen oder Piktogramme im täglichen Leben. Im weiteren Sinne vertritt ein Symbol in der Religion, Kunst und Literatur in Form eines Gegenstands, Vorgangs oder einer Handlung sinnbildlich etwas nicht Wahrnehmbares, nur Gedachtes oder Geglaubtes. So steht etwa das Kreuz als Zeichen für das Christentum, die Taube für den Frieden oder der Lorbeerkranz für den Sieg bzw. Ruhm. Dennoch kommt es zu einem rechten Verständnis nur unter der Voraussetzung, dass ein gemeinsamer, historischer Erfahrungshorizont zugrunde liegt. So wird lediglich ein Literaturkundiger die „Blaue Blume" ohne Weiteres mit der Romantik gleichsetzen.

Zudem sind die Grenzen zur Metapher und zur Allegorie bisweilen fließend. Nehmen wir zur Veranschaulichung als Beispiel die abstrakte Vorstellung „Liebe". Als Metapher würde man sie etwa als „brennendes Herz" bezeichnen, offensichtlich eine Verknüpfung von Begriffen in einem uneigentlichen Zusammenhang. Als Allegorie würde das Gemeinte rational willkürlich gesetzt, tatsächlich dargestellt als „Gott Amor" erscheinen. Als Symbol hingegen würde „Herz" allein schon die angestrebte Stellvertreterrolle erfüllen. Kennzeichnend für das Sinnbild ist seine be-

---

1 *Meyers großes Taschenlexikon*, Mannheim-Wien-Zürich (Bibliographisches Institut) 1993, Bd. 21, ISBN 3-411-02121-7, S. 273.

sonders eindringliche Gefühlswirkung, künstlerische Kraft, sein weitge-
spannter Bezugskreis. In der Gestaltung des Einzelnen, Besonderen
scheint ein nicht ausgesprochenes Allgemeines hindurch, das ein geheim-
nisvolles Undarstellbares hinter der sinnlichen Erscheinungswelt erah-
nen lässt, gewissermaßen ein Bild als andeutender Ersatz mit seelischem
Gehalt.[2]

Zusammenfassend lässt sich sagen, dass „ein Symbol

1. meist ein konkreter Gegenstand ist, der
2. für eine abstrakte Sache steht und
3. beim Empfänger eine Assoziation auslöst.

Symbole entstehen vor allem

4. durch Wiederholungen, wobei sie in der Regel
5. nicht von sich aus auf das Gemeinte verweisen, aber
6. sehr oft etwas damit zu tun haben, weil sie ein Teil des Gemeinten
   oder eng damit verbunden sind."[3]

Mit Bezug auf das Haiku sieht der französische, vom Strukturalismus aus-
gehende Literaturwissenschaftler Roland Barthes[4] allerdings ein grundsätz-
liches Problem, eine nämlich gerade dieser Gedichtform unangemessene
Leseweise, sobald das darin beschriebene Ereignis – meist eine Naturer-
scheinung – rein symbolisch verstanden wird. Indem man in diesem Falle
einen darüber hinausgehenden Sinn unterstelle, werde das Mittel mit dem
Zweck verwechselt.

Hisaki Hashi[5], eine Universitätsdozentin für komparativ-philosophische
und interdisziplinäre Forschungen in Wien, legt dagegen der Bedeutung
des Symbols für das Haiku eine umfassendere, ja fundamentale Wertigkeit
dadurch bei, dass sie die drei folgenden Kriterien als ausschlaggebend für
ein überzeugendes Ergebnis nennt:

1. die Art und Weise der Subjekt-Objekt-Darstellung bei rechter Verei-
   nigung der Seele des Autors mit den Impulsen des Gegenstands,

---

2 Vgl. von Wilpert, Gero: *Sachwörterbuch der Literatur*, Stuttgart (Kröner) 1959, S. 908.
3 www.wortwuchs.net/stilmittel/symbol/
4 Barthes, Roland: *Das Reich der Zeichen*, Frankfurt/M., (Suhrkamp) 1981, ISBN 3-518-11077-2.
5 Hashi, Hisaki: *Einflüsse des Zen-Buddhismus auf die Dichtkunst des Haiku* in: Wien als Schmelztiegel
der Haiku-Dichtung (Hg. Petra Sela), Wien (Österreichische Haiku-Gesellschaft) 2015, S. 53–56.

2. eine gelungene, hochsensible Symbolik,
3. die Aussagekraft eines ästhetisch-kunstphilosophischen Kosmos bzw. Mikrokosmos.

Hier nun eine internationale Haikuauswahl mit Betonung des Aspekts Symbol:

on a barren branch
a raven has perched –
autumn dusk

    Matsuo Bashô
    (Trans. W. J. Higginson)

Abend im Herbst.
Auf einem dürren Ast
hockt eine Krähe.

    (Übers. Dietrich Krusche)

subdued sound
is my life –
autumn coming close

    Katô Ikuya (Trans. Itô Isao)

ein verhaltener Laut
so mein Leben –
heran rückt der Herbst

cherry blossoms scatter –
my life too is heading
downhill

    Kobayashi Issa
    (Trans. David G. Lanoue)

Kirschblütenfall –
auch mein Leben ist auf dem Weg
nach unten

No word each other
with the neighbor
drinking ice tea

    Hirofumi Kataoka (JP)

Kein Wort miteinander
Eisteetrinken
beim Nachbarn

The end of February
rain forecast
only for the day of the exam

    Takako Matsui (JP)

Februarende
Wetterprognose Regen
nur für den Prüfungstag

suspended
on a cobweb
your long absence
  Michiko Murai (JP)

aufgehängt
in einem Spinnennetz
deine lange Abwesenheit

Kinderklinik –
die gelben Malstifte
aufgebraucht
  Claudia Brefeld (DE)

vorm Hochzeitstor
zusammengeschlossen
zwei Fahrräder
  Roswitha Erler (DE)

auf dem Weg zu dir
das Zittern
der Brücke
  Gerda Förster (DE)

Stolpersteine
die verschrammten Namen
der Getretenen
  Gabriele Hartmann (DE)

Nebeltage
Großmutter streichelt
die eigene Hand
  Diana Michel-Erne (CH)

Neuschnee
keine Spuren mehr
zwischen uns
  Angelica Seithe (DE)

na de les
wat losser opgerold –
meditatiematjes
  Bouwe Brouwer (NL)

nach dem Unterricht
etwas legerer aufgerollt
Meditationsmatten

vanuit zijn ziekbed
ziet hij hoe aan de einder
de zon ondergaat
  Fred Flohr (NL)

von seinem Krankenbett
sieht er, wie am Horizont
die Sonne untergeht

tweede ontmoeting –
zij zet haar fiets vast
aan de zijne
  Angeline Jansen (NL)

zweites Treffen –
sie stellt ihr Fahrrad direkt
an seins

Het is Paasochtend
en nog duister. Een lijster
lokt licht uit de nacht.

Es ist Ostermorgen
und noch düster. Eine Drossel
lockt Licht aus der Nacht.

Bart Mesotten (BE)

In de winterzon
een man met zijn maîtresse
schaatsend op dun ijs.

In der Wintersonne
ein Mann mit seiner Geliebten
Schlittschuh laufend auf dünnem Eis.

Frans Terryn (BE)

Nog één blad aan de tak
achter het ziekenhuisraam –
maar hoelang nog?

Noch ein Blatt am Zweig
hinter dem Krankenhausfenster –
doch wie lange noch?

Annelies Tock (BE)

loneliness –
a piece of driftwood
keeps returning

Einsamkeit –
ein Stück Treibholz
kehrt immer wieder zurück

Hortensia Anderson (US)

Nagasaki Anniversary
I push
the mute button

Nagasaki Jahrestag
ich drücke auf
die Stummschalttaste

Fay Aoyagi (US)

mammography
a spider in the corner
of her web

Mammografie
eine Spinne in der Ecke
ihres Netzes

Susan Constable (CA)

retirement home –
each time the heron comes
another goldfish gone

Seniorenheim
jedes Mal wenn der Reiher kommt
ist wieder ein Goldfisch weg

Elehna de Sousa (CA)

marriage license
before the ink dries
one signature smudged

Heiratsurkunde
noch bevor die Tinte trocken ist
eine Unterschrift verschmiert

    Karin L. Frank (US)

Lack of a line
between ocean and sky –
scattered ashes

Fehlende Linie
zwischen Ozean und Himmel –
verstreute Asche

    Mark F. Harris (US)

hospice –
less moon
each night

Hospiz –
jede Nacht
weniger Mond

    Paul Hodder (AU)

their first quarrel –
rearranging
the cut flowers

ihr erster Streit –
die Schnittblumen
neu binden

    Bill Kenney (US)

summer romance
on again, off again
fireflies

Sommerromanze
wieder an, wieder aus
Glühwürmchen

    Marianna Monaco (US)

easter sunday
a snail's empty shell
on my doorstep

Ostersonntag
ein leeres Schneckenhaus
auf der Türschwelle

    Roland Packer (CA)

recent argument
a spider webs two walls
together

kürzlicher Streit
eine Spinne webt zwei Wände
zusammen

    Marie Summers (US)

her letter … ihr Brief …
I'd forgotten ich hatte vergessen
paper can cut Papier kann schneiden

    Tom Tico (US)

printemps Frühling
la mer plus bleue blauer das Meer
à l'horizon am Horizont

    Marlène Alexa (EG)

orange sanguine Blutorange
en morceaux sur la table in Stücken auf dem Tisch
après son départ nach seinem Weggang

    Isabel Asúnsolo (FR)

soir d'automne — Herbstabend —
la porte du jardin die Gartentür
résiste un peu hakt ein wenig

    Damien Gabriels (FR)

bénédiction nuptiale Ehesegen
à la sortie de l'église beim Gang aus der Kirche
éclairs de chaleur Wetterleuchten

    Claire Gardien (FR)

Septembre déjà Schon September
Un premier cheveu blanc Ein erstes weißes Haar
Pour mon petit-fils Für meinen Enkel

    Geneviève Rey (CA)

repas d'enterrement Beerdigungsessen
chacun devant l'assiette jeder vor dem Teller
à mâcher du vide um Leere zu kauen

    Thomas Vinau (FR)

Hogar de ancianos.
Miradas al camino
cubierto de hojas.
  Juan Carlos Durilén (AR)

Altenpflegeheim
die Blicke auf den Weg
mit Blättern bedeckt

funeral procession
the snow slowly covering
the way back
  Maria Kowal-Tomczak (PL)

Trauerzug
langsam bedeckt der Schnee
den Weg zurück

Con el ocaso
las sombras de los chopos
cruzan el río.
  Enrique Linares (ES)

Sonnenuntergang
die Schatten der Pappeln
überqueren den Fluss.

looking
past the shadows …
cancer ward
  Maya Lynbenova (BG)

hinwegsehen
über die Schatten
Krebsstation

blood donor –
an unclenched fist
full of sunlight
  Rosie Roumeliotis (GR)

Blutspender –
eine geöffnete Faust
voller Sonnenschein

80th birthday
the merry-go-round's
empty seats
  Petar Tchouhov (BG)

80. Geburtstag
die leeren Sitze
des Karussells

Eleonore Nickolay

Die französische Ecke

Die 55. Ausgabe von GONG, der Zeitschrift der Frankofonen Haiku-Gesellschaft, hat sich ein Zitat von Bashô auf die Fahnen geschrieben: „Die Formen sind gemacht, um sich von ihnen abzuwenden, aber dafür gibt es kein fertiges Rezept."

Das „unregelmäßige" Haiku, das sich nicht an das 5/7/5-Schema hält, wird im theoretischen Teil der Zeitschrift von drei Autoren behandelt. Für die Kanadierin Hélène Boissé steht fest, dass es weniger darum geht, die Form des Haiku zu bewahren, als seinen Geist. Marcel Peletier thematisiert das minimalistische Haiku mit einem 3/5/3-Schema bis zum zweizeiligen Haiku und führt unter anderem eigene Beispiele an:

le soleil	die Sonne
sort de prison	tritt aus dem Gefängnis
stationnement interdit mais	Halteverbot aber
ils s'embrassent	sie küssen sich
nuit sans moustique	Nacht ohne Mücke
mais le voisin	aber der Nachbar

Jean Antonini beschreibt in seinem Beitrag den typischen Werdegang eines Haiku-Dichters, der am Beginn streng das Schema 5/7/5 einhält:

Comptant sur ses doigts (5!)	Finger zählend
la nouvelle nouvelle haïkiste (7!)	die neue Haiku-Dichterin
stylo en l'air (5!)	Kuli in der Luft

Doch was den Neuling in Wirklichkeit bezaubert, ist der Geist des Haiku, und so lässt er das strenge Silbenzählen nach einer Weile:

14

Cerisier en fleur	Kirschblüte
Laissez votre message	Hinterlassen Sie Ihre Nachricht
après le bip	nach dem Signalton

Und mancher Haiku-Dichter findet seine ganz eigene Form wie Pierre Courtaud, sehr kurz/sehr lang/sehr kurz:

matin de givre
cette blancheur jusqu'à la pointe ultime des rameaux
cerisier sans nom

Frostmorgen
dieses Weiß bis in die letzten Spitzen der Zweige
Kirschbaum ohne Namen

Jean Antonini schließt mit einer Serie eigener, wie er sie nennt, horizontaler Haiku. Horizontal in einer Zeile geschrieben sind sie, aber sind sie noch Haiku?

On se met à parler peu à peu le matin.

Man beginnt zu sprechen nach und nach am Morgen

Diese Frage habe ich mir auch gestellt bei der Lektüre der Haiku-Auswahl zum Thema, wobei manchem Autor mit der freien Form auch der Geist des Haiku verloren ging. Hier meine persönliche Wahl gelungener Haiku:

De là	Von da
à là …	bis da …
son sourire	ihr Lächeln
Danyel Borner	
temps pluvieux	Wetter regnerisch
l'encre sèche	Tinte trocken
Vincent Hoarau	

De l'azur	Vom Azur
chute	fällt
une plume	eine Feder

    Monique Leroux Serres

hiver	Winter
ma couette	meine Bettdecke
ronronne	schnurrt

    Cristiane Ourliac

Jean-Claude Lin

Annäherungen an die Kunst des Haiku – Zwei Beispiele*

machinaka wa / mono no nioi ya / natsu no tsuki

Mitten in der Stadt,
Gerüche nach so vielerlei –
und der Sommermond

    Bonchô

Übersetzt von Ekkehard May, in: *Shōmon II. Haiku von Bashôs Meisterschülern.*
Dieterich'sche Verlagsbuchhandlung, Mainz 2002.

Unter den Haiku-Dichtern tauchte Nozawa Bonchô in der zweiten Hälfte
des 17. Jahrhunderts wie ein Komet auf. Es sind nur wenig mehr als 130
Verse von Bonchô überliefert und mehr als die Hälfte davon stammen aus
den Jahren 1689 bis 1694, dem Todesjahr Matsuo Bashôs. Wenig ist über
die Herkunft Bonchôs bekannt. Doch muss er ein paar Jahre lang ein in-
timer Freund des um wenige Jahre jüngeren Bashô gewesen sein, bevor er
sich von dessen „Schule" trennte. Als einer der beiden Lieblingsschüler
Bashôs gab Bonchô zusammen mit Kyorai 1691 die berühmte Sammlung
Sarumino (Das Affenmäntelchen) mit den wichtigsten Haikai-Werken des
Meisters heraus. Aus dieser Sammlung stammt auch das hier zitierte Haiku

16

Bonchôs: Es ist das *hokku,* die Eröffnungsstrophe des zusammen mit Bashô und Kyorai gedichteten, über 36 (abwechselnd 17- und 14-silbige) Strophen bestehenden *kasen,* Kettengedichts. In der unmittelbaren Entgegnung griff Bashô auf Bonchôs betörende, sommerlich lastende Lautgestalt zurück:

atsushi atsushi to | kadokado no koe

„Ach, wie heiß, wie heiß ist es!"
die Stimmen von Tor zu Tor.

Zur Zeit Matsuo Bashôs gab es keine ‚Haiku'. Es gab *haikai* no *hokku:* das erste Anfangs- oder Kopf-Gedicht *(hokku)* eines (heiteren) „Ketten"-Gedichts *(haikai* – eigentlich *haikai* no *renga),* das von mehreren Dichtern im geselligen Beisammensein abwechselnd gedichtet wurde. Das siebzehnsilbige Kopfgedicht (wobei im Japanischen die langen Vokale wie ô als zwei Silben und der Konsonant n am Ende einer Silbe als zusätzliche Silbe betrachtet werden) hatte bei einem Kettengedicht ein besonderes Gewicht, da es die Zeit (durch ein „Jahreszeitenwort": *kigo)* und etwas wie das Thema des abwechselnd in 17- und 14-silbigen Versen entstehenden Kettengedichts angab. Nach und nach wurden die Anfangsverse eines Kettengedichts für sich betrachtet und genossen. Im 18. Jahrhundert wurden schließlich einzelne Dichter wie Yosa Buson (1716–1783) oder Kobayashi Issa (1762–1826) für ihre einzelnen *hokku* berühmt. Erst der Kritiker und Dichter Masaoka Shiki (1867–1902) erfand die Bezeichnung *haiku* für selbstständige 17-silbige Gedichte.

„Das *haikai* lebt vom Neuen", schrieb 1697 einmal der Dichter Kyorai an seinen Dichterkollegen Kikaku.

Im folgenden Haiku von Shida Yaba (1662–1740) besteht das „Neue" darin, dass die adverbiale Wendung *hono-bono* nicht, wie sonst zu erwarten, das allmähliche Hellerwerden des beginnenden Frühlingsmorgens – in Japan etwa im Februar – bezeichnet, sondern das Schwärzerwerden der Krähe bei steigender Tageshelligkeit:

hono-bono to | karasu kuromu ya | mado no haru

Ganz unmerklich wird
die Krähe immer schwärzer –
Frühling im Fenster
    Shida Yaba

Übersetzung: Ekkehard May, *Shomon II. Haiku von Bashōs Meisterschülern,* Dieterich'sche Verlagsbuchhandlung, Mainz 2002.

* in Anlehnung an die Ausführungen von Prof. Ekkehard May

Stefan Wolfschütz

DHG Frühlingskukai

In der Zeit vom 9. – 17. April fand auf den neuen Internetseiten des DHG-Forums ein Online-Kukai statt. Sein Thema: „Und wieder Frühlingserwachen". Jeder Teilnehmer konnte ein Haiku einreichen. Später wurden alle eingereichten Haiku anonym präsentiert. Jeder Teilnehmer konnte für jedes Haiku, wenn es ihm gefiel, einen Punkt vergeben. Das Gewinner-Haiku von Gabriele Hartmann erhielt 32 Punkte. Mit 82 Teilnehmern gab es eine rege Beteiligung und viele interessante Haiku, von denen wir hier die zehn erstplazierten abdrucken. Das nächste Kukai findet an gleicher Stelle vom 6. bis 20. Juli 2017 statt. Sein Thema: EIN SOMMERTRAUM.

Alle weiteren Informationen sowie die Möglichkeit zur Registrierung unter: www.dhg-forum.de/kukai

Die zehn erstplazierten Haiku des DHG-Kukai „Und wieder Frühlingserwachen":

frisches Grün
der Zeitungsjunge wirft ein Lächeln
über den Zaun
    Gabriele Hartmann
    (32 Punkte)

Erstes Sonnenbad
Der Liegestuhl vom Vorjahr
trägt mich nicht mehr
    Martina Khamphasith
    (23 Punkte)

Löwenzahnwiese
ein namenloser Käfer
nimmt neben mir Platz

> Brigitte ten Brink
> (22 Punkte)

in der Mittagssonne
geschlüpft als ich schlief –
Magnolienblüten

> Angelica Seithe
> (16 Punkte)

Ave Maria
Ein Windhauch trägt Kirschblüten
in den Klostergang

> Hans-Jürgen Göhrung
> (15 Punkte)

Märzsonne
zwei Knospen sprießen
unterm Top

> Friedrich Winzer
> (14 Punkte)

zur Hochzeit gepflanzt …
am uralten Apfelbaum
rosige Knospen

> Gisela Farenholtz
> (17 Punkte)

nach dem Anschlag –
in ihrer Hand
die Last der weißen Tulpen

> Ramona Linke
> (16 Punkte)

Magnolie –
in ihrem Blühen schon
das Welken

> Jörg Schaffelhofer
> (14 Punkte)

Kirschbaumblüte
Ein letztes Geschenk
am Krankenbett

> Annelie Kelch
> (13 Punkte)

Ellen Althaus-Rojas

Haiku meets Heidelberg – Haiku gegen den Rassismus

Studierende des Internationalen Studienzentrums der Universität Heidelberg schreiben und rezitieren Haiku im Rahmen der Internationalen Wochen gegen den Rassismus 2017.

wind weht / von ost nach west / dich und mich unter ein dach
> Hakim Kamal, Afghanistan

Mit der Veranstaltung „*Haiku meets Heidelberg*" engagierten sich Studierende des Internationalen Studienzentrums der Universität Heidelberg mit selbstverfassten Haiku in Zusammenarbeit mit dem Interkulturellen Zentrum der Stadt Heidelberg im Rahmen der Internationalen Wochen gegen den Rassismus.

Zehn Studierende aus acht Nationen haben sich zusammengefunden, um Haiku in deutscher Sprache zu schreiben und anschließend ins Englische, Japanische und in viele andere Sprachen zu übersetzen. Die kreative Schreibübung macht Spaß, schult den aufmerksamen Blick, schärft den Sinn für Rhythmus und Syntax, verankert Wortschatz und fördert Selbstbewusstsein und Selbstausdruck in der fremden Sprache und ist obendrein total in – als poetische Stilübung in Sachen Achtsamkeit zwischen den Welten. Die Autoren und Autorinnen sind auf allen Kontinenten zu Hause und haben sich Gedanken über Rassismus im Alltag, seine Ursachen, seine Auswirkungen gemacht.

die sonne scheint / grenzenlos / in der welt zuhause
  Hakim Kamal, Afghanistan

Was zerstört das Leben von großen und kleinen, alten und jungen Menschen, was treibt sie weg von zu Hause, was und wer bleibt zurück, was, oder wen finden sie, was erlebt, empfindet jeder von uns, der einmal irgendwo in der Fremde neu anfangen musste?

Es sind fünfunddreißig Haiku zum Themenkreis Krieg, Vertreibung, Flucht, Rassismus, Verlust, Neuanfang, (verlorene) Träume und Hoffnungen (insbesondere auch der von Kindern) entstanden. Lesen Sie hier eine kleine Auswahl.

es regnet blut / und frieden / von oben?
  Sedat Horoz, Türkei

tausend hügel / ruanda – wo sind / deine Menschen?
  Linda Nyakayiro, Ruanda

20

ein kuss für mama / ein kuss für papa / nie wieder ein Schulkind
Linda Nyakayiro, Ruanda

Sehr einfühlsam – mal in dunklen, mal in hellen Farben – erzählen sie davon, was Menschen bewegt – egal, ob in Asien, Afrika, Australien, Europa oder Amerika – alle leben unter einer Sonne, einem Mond, auf einer Erde, einem Planeten.

land der aufgehenden sonne / der koi denkt / an den mond
Jérémy Biehler, Frankreich

ansagen im zug / rosa kinder spiegeln sich / im fenster
Maika Nezu, Japan
der baobab schenkt regen / kinder springen / dem frosch hinterher
Linda Nyakayiro, Ruanda

Aus all diesen Haiku spricht Achtsamkeit gegenüber der Umwelt und den Mitmenschen.

silvesterabend / familien schlürfen suppe / so laut
Maika Nezu, Japan

glänzende sterne / liebe in den Augen / des alten tänzers
Hakim Kamal, Afghanistan

Einige der Haiku thematisieren jedoch auch bewusst im Tenor der Wochen gegen den Rassismus unschöne Seiten gesellschaftlichen Miteinanders. Sie beruhen auf persönlichen Erfahrungen der Studierenden.

ein fremder im zug / eisregenworte / geht nach hause
Sedat Horoz, Türkei

bananenschalen fliegen / affen brüllen auf tribünen / weltmeister?
Jérémy Biehler, Frankreich

arbeitslos in den banlieues / zéro solidarité / das leben brennt
    Jérémy Biehler, Frankreich

luxusbanquettes/ unter dem vollmond / obdachlos
    Jingqi Jin, China

Am Ende aber mahnen sie zu Versöhnung und Mitmenschlichkeit in unserer Gesellschaft.

wenn du wolltest / würden die Veilchen duften / vergiss sie nicht
    Sedat Horoz, Türkei

extremismus / ist nicht die lösung / einigkeit!
    Jérémy Biehler, Frankreich

gib mir deine weisheit / nimm meine / toleranz / der welt ein lächeln
    Sofia Bergallo, Argentinien

Die literarische Performance *Haiku meets Heidelberg* fand am 16. März 2017 aus Anlass der Wochen gegen den Rassismus im Kolleg für Deutsche Sprache und Kultur des Internationalen Studienzentrums der Universität Heidelberg statt. Auf Deutsch und in ihren jeweiligen Muttersprachen rezitierten die jungen Autoren und Autorinnen ihre eigens für diese Veranstaltung verfassten Haiku. Als Hommage an Japan und seiner Haiku-Kultur wurde die szenische Rezitation von klassischen Haiku der japanischen Meister aus dem 18. Jahrhundert – Issa, Bashô, Buson, Chora – und einem Hiroshima-Haiku eines Mannes, der als Schulkind die A-Bombe er- und überlebte, umrahmt.

Children – floating lit paper lanterns – not knowing Hiroshima
    Yasuhiko Shigemoto

Having lost a lawsuit / a man is expelled / from his land
    Buson, 1716–1783

Rezitiert wurden weiterhin drei sozialkritische Haiku aus dem Werk „*Judgement Day*" des irischen Haiku-und Zen-Masters Gabriel Rosenstock, die in Anwesenheit des Meisters im Rahmen des Weltübersetzertages 2016 – organisiert von der Weltlesebühne Heidelberg in Zusammenarbeit mit den beiden UNESCO-Cities of Literature, Dublin und Heidelberg, im letzten September von Studierenden des Internationalen Studienzentrums übersetzt und rezitiert wurden.

Ein Zitat Gabriel Rosenstocks aus seinem Werk *Haiku-Enlightenment* stimmte das Publikum auf die Performance ein:

It's the heart that sees. And the heart can see far and wide, farther than eyes can see. This is haiku. Tuning in. Opening your eyes (and your heart) to what is. Observing what you see before you. Taking it all in, with as many of the senses as possible. Watching. Listening. Feeling. A haiku may be small in size but it can grow in your heart. Haiku is all about looking, looking and seeing, looking outward and inward, above and below, with all your heart.

Gabriel Rosenstock (*Haiku Enlightenment*, 2009)

als ich zurücksah / war die welt ertrunken / in kirschblüten
    Miura Chora, 1729–1780

Einen Stein ins Wasser geworfen
Rückmeldungen zu „Entstehung eines Haiku" (SOMMERGRAS 115)

Zwei Vorschläge von Ingrid Löbling:

Reifglitzern
an den Autoscheiben
Spitzengardinen

Reifglitzern
die Rostlaube
versilbert

Lieber Martin Berner,

gern biete ich Dir einen Vorschlag für ein verändertes Haiku, – nach dem Motto „In der Kürze … die Würze" an. Nur durch Umstellung und Fortlassen von Worten ergab sich die Fassung

Morgensonne
reifglitzernder Ford
erwartet Prinzessin

Ob diese Form nicht auch Mängel hat, bleibt dahingestellt. Auf jeden Fall ist das Zeilenmaß, mit dem Sie zu ringen schienen, verkürzt und m. E. etwas passabler zu lesen.

Im Übrigen gehe ich einfach so vor: Einen Eindruck möglichst intensiv wahrnehmen, ihn danach mit einigen Stichworten einfangen und als Dreizeiler zu Papier bringen. Danach bearbeite ich den Text durch Austausch, Umstellung und gegebenenfalls Zusammenfügen (reifglitzernder) von Wörtern. Eine Kürzung ist meistens auch angebracht.

Bei jemand Prominentem las ich mal, dass dem Haijin die Worte zufließen müssten, damit das Haiku sich anhöre wie aus einem Guss. Das ist wohl der Idealfall, an den nur wenige heranreichen.

Jetzt möchte ich kurz mein allgemeines Problem beim Haiku-Schreiben erwähnen: Es sind die zusammengesetzten Nomen, die mir zuhauf einfallen, wenn ich beginne. Sie füllen ja zu schnell die Zeilen. Bei Beginn der Haiku-Schreiberei bilden sie eine Hilfe und stellen leicht das vor Jahren gewünschte *kigo* dar: z. B: Frühlingslicht – Sonnenterrasse – Herbstsonne – Winterwald. Vielleicht können wir gelegentlich die „Bedeutung des zusammengesetzten Nomens" thematisieren.

Ruth Wellbrock

Rita Rosen

Zufälle

altes Buch
wisch den Staub ab
die Buchstaben tanzen

Am Ende unserer Straße steht eine „Tauschbox". Man kann Bücher dorthin bringen und Bücher mitnehmen. Ich stöbere in den Buchreihen und entdecke einen schmalen Band: vergilbt, einige Blätter schon gelöst, das Titelblatt verziert mit einem japanischen Mädchen im farbenfrohen Kimono. Der Titel : „Die acht Gesichter am Biwasee" – japanische Liebesgeschichten von Max Dauthendey, geschrieben 1901. Ich nehme es mit und lese es. Es sind acht fantasievolle Geschichten. Sie kreisen um den Biwasee und die „acht Ansichten" – acht Landschaftsgesichter. Es sind dies Geschichten, die die Menschen sich schon seit langer Zeit erzählen:
Die Seegelboote von Yabase im Abend heimkehren sehen / Den Nachtregen regnen hören in Karasaki / Die Abendglocke des Müideratempels hören / Sonnenschein und Brise von Amazu / Dem Flug der Wildgänse nachsehen in Katata / Den Herbstmond aufgehen sehen in Ishiyama / Das fließende Abendrot in Seta / Den Abendschnee am Hirayama sehen.
Dauthendey, der lange in Japan lebte, mischte fantasievoll Sagen, alten Volksglauben und japanische Impressionen. In kunstvoller Manier erschuf er wunderbare Naturstimmungen, farbige Landschaften verwoben mit den verschiedensten Gefühlssituationen und Leidenschaften. Am tiefsten bin ich beeindruckt von der Geschichte der Glocke vom Müideratempel.
Der Mann Ata-Mono wurde als Baumrindenleser berühmt. Er erstrebte Unsterblichkeit. Die Frauen verehrten ihn. Er fragte eine Frau, ob sie ihm helfen könne, Unsterblichkeit zu erringen? Sie bejahte dies mit der Bitte, dass er sie heiraten möge. Aber er heiratete eine andere Frau, die daneben gestanden und zu allem gelacht hatte. Melodisch und freundlich wie eine singende Glocke. Die beiden wurden sehr glücklich. Später, als der Tempel Müdera gebaut worden war, gossen die Mönche eine Glocke, die den singenden Ton eines glücklichen Weibes hatte. Sie ist noch heute zu hören. Unter

den Menschen verbreitete sich die Erkenntnis: „Die Liebe steht höher als die Unsterblichkeit".

Ich gehe die Bildbände in meinem Bücherregal durch und finde das Buch von Utagawa Hiroshige. Ja, wie ich richtig vermutete, hat auch er die „Acht Landschaftsgesichter" als Farbholzschnitte wiedergegeben. Es sind angedeutete, sparsam geritzte Ansichten der Landschaften rund um den See. Ich schaue mir das Bild vom Miideratempel an. Er nennt es: „Abendglocke des Miidera". Einem hohen weißen Berg vorgelagert ist ein kleiner grauer Hügel. In der Mitte des Hügels steht der Tempel mit seinen Terrassen. Er ist über eine kleine Brücke zu erreichen. Er leuchtet weiß und anmutig aus dem Grün des Kryptomerienwaldes hervor. Es sind jene Bäume, deren Schrift Ata-Mono entziffern konnte. An ihren Zweigen haben die Menschen später Gebetszettel aufgehängt. Auch sie wünschen, am Glück der Liebe von Ata Mono teilzunehmen. Reisesehnsucht wird in mir wach. Nach Japan möchte ich reisen. Wenn ich die Freunde dort das nächste Mal besuche, werde ich bestimmt an den Biwasee fahren. Und zum Miideratempel gehen. Und dort an einem der Bäume einen Gebetszettel anbringen. Der mich erinnert an das Glück der Liebe und der Kunst, im Diesseits zu leben.

Eine Freundin besucht mich. Sie hat ihre Bücherregale aufgeräumt und ein Büchlein entdeckt, von dem sie annimmt, dass es mir gefallen würde. Ja, das tut es. Allein der Titel lässt meine Seele schon schwingen: „Vollmond und Zikadenklänge" – Japanische Verse und Farben. Herausgegeben von Gerolf Coudenhove 1932. Haiku von verschiedenen Dichtern und Dichterinnen sind hier versammelt und Malereien, die ihrem Geiste nach aufs Engste mit den Gedichten verwandt sind. Eine stimmungsvolle Ausgabe. Auf Seite 12 entdecke ich Matsuo Bashô. Und zu meinem Erstaunen lese ich die Überschrift eines seiner Haiku: „Die acht Ansichten von Omi am Biwa-See".

Ihrer Sieben sind
heut vernebelt – aber, horch,
Miis Glocke tönt!

Vielleicht habe ich es früher schon einmal gelesen – aber erst heute kann ich es verstehen. Es erfüllt mich mit Freude. Und die unten angefügte Anmerkung lässt mich noch mehr erstaunen. Bashô soll einmal die unmöglich scheinende Aufgabe gestellt worden sein, die berühmten acht Schönheiten in einem einzigen Haiku zu beschreiben. Er löste die Aufgabe auf diese geistreiche Weise. Korrekterweise wird vermerkt, dass die Urheberschaft Bashôs zweifelhaft sei. Aber das kann meine Freude nicht mehr schmälern. Egal, wer das Haiku geschrieben hat, es ist meisterlich gelungen.

Sylvia Bacher, Joachim Gunter Hammer, Brigitte ten Brink und Traude Veran

Ein Rilke-Projekt

Im Anschluss an Sylvia Bachers Artikel „… unbeschreiblich … Rainer Maria Rilke und das Haiku" (*Lotosblüte* 2016, S. 14ff.) formten sich Betrachtungen über die Dichtung Rilkes unversehens zu Tanka und TanRenga.

Ausgehend von zwei Werken Rilkes (*Sonette an Orpheus, Die Weise von Liebe und Tod des Cornets Christoph Rilke*) gelangen Traude Veran (sie gestattet sich den Verweis auf Bashô, an den Rilke wohl kaum gedacht hat) und Sylvia Bacher sehr rasch zur narzisstischen Persönlichkeit des Dichters, die sich besonders in seiner ambivalenten Beziehung zu Frauen spiegelt.

Brigitte ten Brink verweist auf ein explizites Beispiel dafür, die Worpsweder Spaziergänge mit den „weißen Mädchen" Paula Becker und Clara Westhoff. Paula, die Malerin, öffnet Rilke den Blick für die Farben der Natur, die er dann in seinen Gedichten symbolisiert. So spricht er vom „Lauterwerden" der Farben in der Abenddämmerung. Darüber hinaus aber zieht er sich sofort zurück, wenn ihm eine der beiden zu nahe kommt.

Im letzten TanRenga schließlich holt Joachim Gunter Hammer das Geschehen in die Gegenwart und in die harte Wirklichkeit: die Sprache als gefährliches wie gefährdetes Raubtier; und Traude Veran fordert auf zu ihrer Befreiung – vielleicht Rettung.

Die Schreibung der Verse richtet sich nach den Wünschen der Autorinnen und Autoren.

orphäischer Klang
hinter der *Spieglung im Teich*
Reiten und *Stäbe*

der unerfüllten Sehnsucht
Qual – Narziss begriff das Bild
TV / SB

Moorspaziergang
dem *Lauterwerden*
der Farben lauschen
zu nah das blonde Mädchen
er sieht die dunkle Schwester
BtB

nie arm an Worten
legt er den Segen in
seine leeren Hände
wieder Abschied nehmen
ohne zu verlieren
BtB

Kein Panther mehr
hinter den Stäben,
in Sprachgittern schmachtet der Mensch.

Öffne den Schieber,
lass die Bestie raus!
JGH / TV

Claudia Brefeld und Eleonore Nickolay

Aufruf: Ein Haiku zu einem Foto!

Die SOMMERGRAS-Redaktion lädt ein: Schreiben Sie ein Haiku zu diesem Foto, damit daraus ein Haiga werden kann!

Einsendungen bitte bis zum
15. Juli 2017
an
redaktion@deutschehaikugesellschaft.de
Stichwort „Haiku zum Foto"

Jeder Autor/jede Autorin kann ein Haiku einreichen.
Wir wählen zwei Haiku aus, um – zusammen mit dem Foto – ein Haiga zu gestalten und in SOMMERGRAS 118 abzudrucken! Alle übrigen Haiku werden ebenfalls vorgestellt.

Wir freuen uns auf Ihre Zusendungen!

Eine kleine Hilfe für Einsteiger: Damit aus einem Haiku und einem Foto ein Haiga gestaltet werden kann, beachten Sie bitte folgende Regel:

Das Haiku sollte nicht das Foto beschreiben und das Foto nicht das Haiku illustrieren. Vielmehr verbinden sich die beiden verschiedenen Bedeutungsebenen zu einer Gesamtkomposition. Oder – um mit Susumi Takiguchis (Gründer des World Haiku Clubs) Worten zu sprechen:

„wenn Malerei und Haiku sich ähneln, würde es bedeuten, dass das jeweils andere hinzugefügt wurde, weil das erste nicht ausreicht …"

Bitte schauen Sie sich gelungene Haiga im Internet an. Deutschsprachige Foren gibt es dazu bislang leider wenige. Volker Friebel auf Haikuheute stellt jeden Monat einige Haiga vor. Im englischsprachigen Raum verweisen wir z. B. auf den monatlichen WHA-Haiga-Wettbewerb von Kuniharu Shimizu, auf die Galerie des japanischen Fernsehsenders NHK Haiku Masters und auf Daily Haiga.

Ziehende Wolken und Apfelblüte

Unserem Aufruf zum Weiterdichten folgten 36 Autoren. Es gingen 36 Weiterdichtungen zu „Ziehende Wolken" und 32 Weiterdichtungen zu „Apfelblüte" ein. Die SOMMERGRAS-Redaktion bedankt sich herzlich bei allen Autoren. Claudia Brefeld und Eleonore Nickolay haben jeweils ein Haiku ausgewählt, das sie besonders anspricht.

Über Leser-Rückmeldungen für die nächste SOMMERGRAS-Ausgabe würden wir uns sehr freuen. Welches Haiku gefällt Ihnen besonders und warum?

Ein Haiku, das mich besonders anspricht

Ziehende Wolken
mein Schatten auf dem Weg
ins Nichts

Friedrich Winzer

Das vorliegende Haiku spielt ganz unprätentiös mit unseren Wahrnehmungen/Einstellungen zum eigenen Leben. So wenig greifbar wie Wolken scheint der eigene Schatten ins Ungewisse, ja ins Nichts zu entschwinden. Welche Ereignisse des Lebens (Wolken) lösen dieses Verschwinden aus? Unklar bleibt auch, ob der Schatten nach vorn oder hinten gerichtet ist – eine Metapher für Zukunft oder Vergangenheit?

Die Zukunft: das Vorausahnen des eigenen Weges – gleichzeitig mit der Unmöglichkeit des Erkennens besetzt und mit der unterschwelligen Angst, im Nichts zu enden. Was bleibt nach dem Ende meines Lebens von mir?

Die Vergangenheit: die Erinnerungen an all das, was mich, was meine Persönlichkeit geformt und geprägt hat. Lösen sie sich auf oder verliere ich sie, verliere ich dann nicht auch mich?

Daraus resultierend die Überlegung: Fallen am Ende Vergangenheit und Zukunft zusammen?

Dieses Haiku wirft in drei Zeilen noch weit mehr Fragen auf. Der Leser liest sie intuitiv heraus und sucht sie zu beantworten, ein Prozess, der – je nach momentaner Befindlichkeit – sich mal in die eine, mal in die andere Richtung entwickeln kann, aber wohl nie endgültig in eine Antwort münden wird – und damit zugleich auch ein Spiegel unserer eigenen Unsicherheiten und Ängste ist.

Ein Haiku mit großem Nachhall!

Claudia Brefeld

ziehende wolken
in nachbars fenstern
die weite welt

Sonja Raab

Was macht aus diesem Dreizeiler ein Haiku? Es ist das Ungesagte.

Ein Haiku ist wie ein in wenigen Strichen skizziertes Bild. Die Autorin sagt uns gerade genug, damit vor unserem geistigen Auge Bilder entstehen und aus den Bildern wiederum unsere eigenen Assoziationen, Gedanken und Gefühle. Es liegt am Leser, was er mit dem Bild von ziehenden Wolken verbindet: Freiheit, Veränderung, Fernweh … Es liegt am Leser, wohin die ziehenden Wolken ihn in Gedanken versetzen: auf eine Wiese, ans Meer, in einen Zug, in sein Auto …

In der zweiten Zeile präzisiert die Autorin das Bild. Jetzt erfahren wir, dass die Wolken sich in Fensterscheiben spiegeln. Sogleich verschwindet beim Leser das Bild eines freien, offenen Himmels und mit ihm das Gefühl von Weite und Freiheit, handelt es sich nun doch nur noch um einen Ausschnitt des Himmels. Der Leser sieht sich vielleicht in ein Hochhausviertel versetzt. Ein Gefühl von Enge entsteht, der Wunsch auszubrechen. Die Wolken können dem Fensterrahmen entkommen. Ihnen gehört die weite Welt, wie es die dritte Zeile andeutet. Zurück bleibt der Betrachter, zurück bleibt der Leser mit seiner Sehnsucht, seiner Wehmut … starke Gefühle, ein starkes Haiku!

Eleonore Nickolay

Ziehende Wolken
ich fange an zu träumen …
von Griechenland
    Johannes Ahne

Ziehende Wolken
betören und betrüben –
Sinnbild des Lebens.
    Thomas Berger

Ziehende Wolken
die Segel musst du setzen
sonst bleibst du zurück
    Eva Beylich

ziehende Wolken –
der Frosch vom alten Teich springt
munter dazwischen
    Claus Hansson

ziehende Wolken
finde Halt
in deinem Lachen
    Gabriele Hartmann

ziehende wolken
auf der autoroute du soleil
staut alles
    Steve Hoegener

Ziehende Wolken –
Gottes Lamm
und seine Jünger
    Annelie Kelch

ziehende Wolken
in den chemischen Werken
Hochbetrieb
    Christa Beau

ziehende Wolken
das Gartentörchen will nicht
ins Schloss fallen
    Claudia Brefeld

Wolken ziehen
voller Gedanken
nichts hält sie auf
    Gregor Graf

ziehende Wolken
ein Kutter kippt
über den Horizont
    Georges Hartmann

ziehende Wolken
nur Vögel kennen ihr Ziel
weiße Feder bleibt
    Ute Kassebaum

ziehende Wolken
Abschied zwischen den Schatten
der eilige Bach
    Silvia Kempen

ziehende Wolken
mit der Ewigkeit
eins werden

Hildegard Korsten

Ziehende Wolken –
Wär ich gern mitgeflogen ?
Verschweben ins Nichts. ?? –

Herbert Ledermann

ziehende Wolken
an den Apfelbaum gelehnt
die alte Leiter

Eva Limbach

ziehende wolken,
wiegende birken winken
im winde sich zu

matta lena

ziehende wolken
schwerelos im licht
auch ich ohne ziel

Ralph Günther Mohnnau

ziehende wolken
in nachbars fenstern
die weite welt

Sonja Raab

Ziehende Wolken
Meine Augen folgen
dem letzten Zug

Christiane Ranieri

„Ziehende Wolken
unser Leben in Bildern
– ständige Wandlung"

Norbert C. Korte

ziehende Wolken
erinnern an die Frage
„woher und wohin"?

Reinhard Lehmitz

Ziehende Wolken
durch die Kriegsgräber gleiten
Schatten und Schatten

Horst Ludwig

ziehende Wolken
draußen bei der Sandbank
bläht sich ein Segel

Sigrid Mertens

Ziehende Wolken
auf Julias Grab
ein nasses Taschentuch

Petra Quintus

Ziehende Wolken
Echte Baumwollwatte
aus der Verpackung

Rainer Randig

ziehende Wolken
schwingen deiner Stimme
voraus

Marlies Rath

ziehende Wolken
ziemlich unerhörter Wunsch
hier in den Alpen
    Peter Rudolf

ziehende Wolken
der Wind gibt die Richtung
trägt sie fort
    Evelin Schmidt

ziehende Wolken
nur mein Blick kommt schnell voran –
Stau auf der A 1
    Maren Schönfeld

ziehende Wolken
auch heute wieder nehmen
sie den Regen mit
    Brigitte ten Brink

ziehende Wolken
schenken ihre Zukunft
dem Wind
    Erika Uhlmann

Ziehende Wolken
mein Schatten auf dem Weg
ins Nichts
    Friedrich Winzer

ziehende Wolken
selbst die chemtrails verschwinden
sanft im frühlingswind
    Fried Schmidt

Ziehende Wolken
in Grauschattierungen vom
Westwind getrieben
    Angela Hilde Timm

ziehende Wolken
Hoffnung beginnt
neu zu keimen
    Ruth Wellbrock

Ein Haiku, das mich besonders anspricht

Apfelblüte –
die Verschwiegenheit
unserer alten Schleichwege
    Eva Limbach

Um es gleich vorwegzunehmen – nein, es ist wohl bewusst kein 5-7-5-Schema. Es ist vielmehr ein langsames Längerwerden von Zeile zu Zeile wie ein alter, vertrauter Weg in die Vergangenheit, der nach langer Zeit zögerlich wiederentdeckt wird.

Apfelblüte – schon dieser Einstieg versetzt den Leser nicht nur unmittelbar in den Frühling, er steht indirekt auch für Jugend. Und genau dies scheint der Anknüpfungspunkt zu sein: die Schleichwege der eigenen Jugendzeit. Im Erinnern schließt sich der Kreis.

War es ein Cliquen-Treffen oder ein Stelldichein oder …? Schon beim Lesen wird spürbar: Noch immer hüten die Schleichwege unter Apfelblüten mit ihrer Verschwiegenheit dieses Geheimnis. Offen bleibt auch, ob es von heiterer oder düsterer Natur ist, die Autorin gibt es in ihrem Haiku nicht preis, überträgt es vielmehr auf den Leser, dieses Unausgesprochene mit eigenen Assoziationen und Erinnerungen zu füllen. Eine gelungene Interaktion zwischen Autorin und Leser!

Claudia Brefeld

Apfelblüte
meine Wange streifend
sein erster Kuss
    Christiane Ranieri

Apfelblüte – dass die Autorin nicht anders als der Leser damit den Frühling verbindet und in Erweiterung dazu den Frühling des Lebens, ist noch nichts Besonderes. Das Besondere ist, wie sie es macht, und zwar auf eine so konkrete Weise, dass wir die Apfelblüte förmlich auf unserer Wange spüren. Christiane Ranieri bedient sich dabei einer Stilfigur, des sogenannten Scharnierverses in der zweiten Zeile, der sich sowohl auf die erste wie auf die dritte Zeile bezieht. So wird der erste Kuss so sanft und flüchtig wie die Berührung durch eine Apfelblüte. Gleichzeitig lässt uns ein Kuss auf die Wange einen kindlichen Kuss vermuten. Jetzt entfalten der Ort und der Moment ihren ganzen Zauber. Da sitzen zwei Kinder im Apfelbaum. Und wie die Apfelblüte den Übergang zum reifenden Apfel ankündet, so kann dieser zaghaft schüchterne erste Kuss das nahe Ende der Kindheit ankünden.

Eleonore Nickolay

Apfelblüte,
schnell steig ein ins Auto,
auf nach Nonnenhorn!*

Johannes Arne
*Wein- und Obstdorf am Bodensee

Apfelblüte,
Augenweide im Juni,
verheißt Gaumengenuss.

Thomas Berger

Apfelblüte, der
zartrosa Duft verheißt dir
Paradiesisches

Eva Beylich

Apfelblüte –
noch so lang die Zeit
bis zum Fest

Claus Hansson

Apfelblüte
Konfetti-Regen
von den Bäumen

Georges Hartmann

Apfelblüte
die Bienen des Nachbarn
in meinem Baum

Christa Beau

Apfelblüte
eine Windböe hüllt mich
in Weiß, Weiß, Weiß …

Claudia Brefeld

Apfelblüten
ach wie leicht sie
schon fallen

Gregor Graf

Apfelblüte
wärst du Musik
wär ich dein Tänzer

Gabriele Hartmann

apfelblüte
im schatten im sonnenlicht
beine im blütenkleid

Steve Hoegener

Apfelblüte
unterentwickeltes Ich
die Raupe schnappt zu

Ute Kassebaum

Apfelblüte
die lautlose Sprache
seiner Lippen

Silvia Kempen

Apfelblüte
Erwartet sehnlichst Besuch –
Einladung – Sie gilt. –

Herbert Ledermann

Apfelblüte –
die Verschwiegenheit
unserer alten Schleichwege

Eva Limbach

Apfelblüte
Am knorrigen Stamm
lehnt eine Axt

Sigrid Mertens

Apfelblüte
Längst haben Amseln gebalzt
Jetzt summen Bienen

Rainer Randig

Apfelblüte
schlürfen
vor dem Schnee

Marlies Rath

Apfelblüte – ?
Der Kassier schnuppert
am unechten Schein

Annelie Kelch

Apfelblüte
Schatten sagen
gute Nacht

Hildegard Korsten

Apfelblüte
ein erster Vorgeschmack
auf den knackigen Biss

Reinhard Lehmitz

Apfelblüte – und
handyangesagt Eissturm –
wie der Park sich leert!

Horst Ludwig

apfelblüte
das blau des himmels
noch blauer

Sonja Raab

Apfelblüte
meine Wange streifend
sein erster Kuss

Christiane Ranieri

Apfelblüte
heißt mein Kätzchen wie es
ihnen nachjagt

Peter Rudolf

Apfelblüte
an deinem Baum
in memoriam
   Evelin Schmidt

Apfelblüte –
im Alten Land unterwegs
nur Sonntagsfahrer
   Maren Schönfeld

Apfelblüte
weiß-rosa Morgenwolke
vor meinem Fenster
   Angela Hilde Timm

Apfelblüte
ein Fingerzeig
dass die Güte bleibt
   Ruth Wellrock

apfelblüte
der alte mann im garten
sprachlos vor freude
   Fried Schmidt

Apfelblüte
am Rande der Wiese wartet
der Bagger
   Brigitte ten Brink

Apfelblüte
leise klicken nachts
die schützenden Beregner
   Erika Uhlmann

Apfelblüte
Zeitkräfte summen
im Akkord
   Friedrich Winzer

Lesertexte

Ausgezeichnete Werke
Zusammengestellt von Claudia Brefeld

Der Abdruck der Haiku erfolgt mit freundlicher Genehmigung der Autoren, von denen (wenn nicht anders angegeben) auch die Übersetzungen stammen.

The 20th Mainichi Haiku Contest

International First Prize:

the sun sets	die Sonne geht unter
on an empty swing	auf der leeren Schaukel
daisy petals	Gänseblümchen

    Heike Gewi (Germany)

Dazu ein Kommentar von Toru Haga (übersetzt): „Das Schwingen auf der Schaukel ist schon seit der Antike ein Frühlingszeitvertreib junger Mädchen. In diesem Haiku spielen die Mädchen schon seit einer Weile mit Gänseblümchen in ihren Händen. Su Shi (1037–1101), ein großer chinesischer Dichter der Song-Dynastie, schrieb ein wohlbekanntes Stück über den Frühlingsabend, das folgende Zeile beinhaltet: ‚Eine Schaukel hängt (still) im Hof, als die Nacht hereinbricht'. Vielleicht hat die Autorin ja zufällig dieses Gedicht gefunden."

Honorable Mention English and French:

faucille de lune rouge	rote Mondsichel
sa robe de mariée	ihr Brautkleid
plus blanche encore –	noch weißer

    Eleonore Nickolay (France)

The 6th Matsuyama International Photo-Haiku Contest

The Highest Award:

vacation friends
their empty spot
on the beach

Eleonore Nickolay

Eleonore Nickolay

vacation friends	Ferien-Freunde
their empty spot	ihr leerer Platz
on the beach	am Strand

Eleonore Nickolay (France)

Dazu der Jury-Kommentar von David McMurray (übersetzt): So wie die Vergänglichkeit der Kirschblüten ist nichts so wunderbar wie ein Tag am Strand mit Freunden und nichts so traurig, wie wenn er endet. Sommerferien sind ein nationaler Ritus in Frankreich, und jeder scheint gleichzeitig zum Strand zu gehen. Plätze werden mit Sonnenschirmen oder einem Zelt markiert. Aus dem Urlaubsgefühl heraus werden schnell Freundschaften geschlossen. Ich schätze diese Momente, besonders wenn wir wieder zur

41

Arbeit gegangen sind. Wir könnten in Kontakt bleiben und Pläne für den nächsten Sommer machen. Als Gewohnheitsmenschen könnten wir sogar an die gleiche Stelle zurückkehren.

Haiku Master of the Month des japanischen Fernsehsenders TV NHK World

März 2017

Simone K. Busch

the way	wie er fragend
he's asking my name	meinen Namen sagt
warm sake	warmer Sake

    Simone K. Busch

Haiku- und Tanka-Auswahl Juni 2017

Es wurden insgesamt 207 Haiku und 52 Tanka von 73 Autorinnen und Autoren für diese Auswahl eingereicht.
Einsendeschluss war der 15. April 2017. Diese Texte wurden vor Beginn der Auswahl von mir anonymisiert. Die Jury bestand aus Valeria Barouch, Claus Hansson und Helga Schulz-Blank. Die Mitglieder der Auswahlgruppe reichten keine eigenen Texte ein.
Alle ausgewählten Texte – 39 Haiku und 10 Tanka – werden in alphabetischer Reihenfolge der Autorennamen veröffentlicht. Es werden bis zu maximal zwei Haiku und zwei Tanka pro Autor/in aufgenommen.
„Ein Haiku/ein Tanka, das mich besonders anspricht" – unter diesem Motto besteht für jedes Jurymitglied die Möglichkeit, bis zu drei Texte auszusuchen (noch anonymisiert), hier vorzustellen und zu kommentieren.
Der nächste Einsendeschluss für die Haiku/Tanka-Auswahl ist der 15.07. 2017.
Jede/r Teilnehmer/in kann bis zu fünf Texte – davon drei Haiku – einreichen. Mit der Einsendung gibt der Autor/die Autorin das Einverständnis für eine mögliche Veröffentlichung auf http:/www.zugetextet.com/
Jedes Mitglied der DHG hat die Möglichkeit, eine Einsendung zu benennen, die bei Nichtberücksichtigung durch die Jury auf einer eigenen Mitgliederseite veröffentlicht werden soll.
Eingereicht werden können nur bisher unveröffentlichte Texte (gilt auch für Veröffentlichungen in Blogs, Foren, sozialen Medien und Werkstätten etc.).
Bitte keine Simultan-Einsendungen! Es gibt ab jetzt die Möglichkeit, die Haiku/Tanka selbst einzutragen:
DHG- Webseite /Aktivitäten/Haiku-Tankaauswahl/ Onlineformular
Oder bitte senden an: **auswahlen@deutschehaikugesellschaft.de**
Da die Jury sich aus wechselnden Teilnehmern zusammensetzen soll, möchte ich an dieser Stelle ganz herzlich alle interessierten DHG Mitglieder einladen, als Jurymitglied bei kommenden Auswahl-Runden mitzuwirken.
Petra Klingl

Ein Haiku, das mich besonders anspricht

tangonacht
lange noch
die glut
  Helga Stania

mit sehr wenigen Worten wird sehr viel ausgedrückt. Ich höre die Musik – sehe den Mann mit dem Akkordeon, spüre die Erotik, das Knistern, die Stimmung in dem Saal und wie sie noch lange anhält, mit nach Hause genommen wird.
  Ausgesucht und kommentiert von Helga Schulz-Blank

Nachtzug
in jedem Fenster
ein anderer Traum
  Eva Limbach

Auch wenige Silben, die nachhallen. Ich sehe Menschen im Nachtzug wie sie ins Dunkle schauen, kaum etwas sehen, aber vor ihren Augen sehr viel erscheint. Sie grübeln ein wenig, lächeln, sind mit sich beschäftigt, vieles zieht an ihnen vorüber, Gegenwärtiges und Vergangenes – jeder sieht etwas anderes.
  Ausgesucht und kommentiert von Helga Schulz-Blank

langstrecken
auf der autobahn
gedanken kreisen
  Sylvia Bacher

Es ähnelt ein wenig dem Nachtzug – jemand ist alleine im Auto, fährt sehr weit – frisst Kilometer um Kilometer, schaut auf das Geschehen auf der Straße, während er in Gedanken vieles überlegt, vielleicht sogar Probleme löst oder nur an Schönes denkt, das kann jeder für sich selbst festlegen –

es ist offen. Die Gedanken sind frei, jeder kann damit machen, was er will, gefällt mir gut, steckt viel darin, ist gut ausgedrückt.

Ausgesucht und kommentiert von Helga Schulz-Blank

erster Kuss
Kirschblüten schenken
sich dem Wind

Anke Holtz

Dieses zarte Frühlings-Haiku hat mich beim ersten Lesen sofort angesprochen. Die Kirschblüten (jap. Sakura) sind eines der wichtigsten Symbole der japanischen Kultur. Sie stehen für reine Schönheit, Aufbruch und Vergänglichkeit.

Den ersten Kuss einer neuen Liebe sehe ich als einen Aufbruch in eine spannende und schöne Zeit. Am Anfang einer neuen Liebe weiß man allerdings nicht, ob diese Liebe ewig dauern wird, man fragt auch gar nicht danach. Dennoch gibt man sich leicht und sorgenfrei dieser Liebe hin. Die Liebenden sind wie Kirschblüten, die sich dem Wind schenken und verwehen.

Sakura steht aber noch für einen weiteren Aspekt, an den ich denken musste. Die Kirschblüte ist das Zeichen der damaligen Samurai in Japan, das die Begriffe Ahnenkult, die Seele Japans und den Ehrenkodex der Samurai in sich vereinigt. Stichblätter damaliger Schwerter waren oft kunstvoll in der Form einer Kirschblüte gefertigt.

Dieses Haiku erweckt in mir somit mehrere schöne Bilder und Gedanken. Für mich ein gelungenes Haiku.

Ausgesucht und kommentiert von Claus Hansson

im Klangrad
ein Marienkäfer berührt
die Stille
>   **Ruth Karoline Mieger**

Klangrad? In meinem Wortschatz gibt es Klangschalen, Klanghölzchen und Klangstäbe, aber was ist ein Klangrad? Das waren meine ersten Gedanken beim Lesen des Haiku, und schon hatte es mich gefesselt. Im Internet fand ich dann die Lösung. Klangrad ist ein Lerntool für das aufmerksame und genaue Zu- und Hinhören.

Mit dieser Erklärung weiß ich zwar jetzt, was ein Klangrad ist, aber das Haiku bleibt für mich in der Deutung offen. Bietet das Klangrad das Geräusch eines Marienkäfers? Was für ein Geräusch könnte ein Marienkäfer wohl machen? Oder hat beim konzentrierten Lernen mit dem Klangrad den Lernenden oder die Lernende tatsächlich ein Marienkäfer berührt?

Das Haiku hat mich in seinen Bann gezogen, ich habe etwas Neues gelernt und ich kann das Haiku in mehrere Richtungen deuten. Für mich ist es daher ein gelungenes Haiku.

Ausgesucht und kommentiert von Claus Hansson

Sonnenuntergang
die Fensterrose
opfert ihren Glanz
>   **Erika Uhlmann**

Wer kennt das Stillleben nicht, eine Rose vor dem Fenster, deren leuchtende Farben beim Untergang der Sonne langsam verblassen. Aber ist das alles, was in diesem Haiku an Assoziationsmöglichkeiten steckt?

Fensterrosen finden sich vornehmlich in gotischen Kirchen und sind sehr große, farbig verglaste Fenster mit Maßwerkfüllung. Das ist es wohl tatsächlich, was dieses Haiku ausdrücken möchte. Die Farben erstrahlen im Licht der Sonne, das Fenster wirkt machtvoll, schön, beruhigend und harmonisch. Die Kirche wird durchflutet vom Licht. Beim Sonnenunter-

46

gang verliert die Fensterrose langsam ihre Farbenpracht, Dämmerung – aber nicht Dunkelheit – zieht in die Kirche ein.

Für mich ist es ein gelungenes Haiku, da ich zwei unterschiedliche Bilder vor meinem geistigen Auge aufsteigen sehe und über das Wort „opfern" zusätzlich noch weiter in den Abend hinein meditieren kann.

Ausgesucht und kommentiert von Claus Hansson

Eckkneipe –
ihre Trauerränder zum
Gruß aus der Küche

Taiki Haijin

Dieses Haiku hat mich zum Schmunzeln gebracht. Es ist von der Art, die vor meinem geistigen Auge sofort einen Film auslöst.

Drehbuch: Feierabend, Gast besucht seine Kneipe, um sich mit einem guten Essen für den arbeitsreichen Tag zu belohnen und ein Bier zu genießen. Er bleibt beim Tresen stehen, da die Köchin soeben Gerichte durchreicht und ihm freundlich zuwinkt. Da passiert es, sein Blick bleibt an ihren Händen hängen.

Werbespot : Nach der Bar auf zur Nail Bar – Wenn ihre Nägel trauern, wir malen Blümchen, sie werden's nicht bedauern.

Drehbuch: Im Kopf des Gastes jagen sich Gedanken: „Hat sie immer solche schwarzen Nägel? War sie eben im Garten und hat Kräutchen ausgegraben? Du meine Güte, die haben ja gar keinen Garten." Gast bleibt für ein Bier, geht nach Hause und kocht selber.

Ende

Trauerränder sind sich nicht alle gleich. Es gibt die – sagen wir mal – die sauberen, jene, die man notgedrungen bei handwerklichen Arbeiten erwirbt und denen man danach mit Seife und Bürste zu Leibe rückt. Dann gibt es jene, die sich an Orten herumtummeln, wo sie nichts zu suchen haben und die in uns zwiespältige Gefühle hinterlassen.

Doch mir scheint, dass wir die zweite Sorte immer weniger zu sehen bekommen, dafür immer häufiger farbenprächtige, lange Kunstwerke aus

Nagelstudios. Wie man auch nicht jedem Gaul ins Maul schaut, wollen wir auch nicht unbedingt wissen, wie es unter der Blumenwiese oder dem Sternenhimmel ausschaut.

Da flößt mir dieses Haiku einen weiteren Gedanken ein: Was passiert mit den ausdruckvollen umgangssprachlichen „Trauerrändern", wenn Nail Bars sich immer weiter ausdehnen und handwerkliche Arbeitsplätze immer rarer werden? Genau! Dieser Ausdruck für schmutzige Nägel ist bedroht. Es wird Zeit, Artenschutz für ihn zu beantragen. Der Leser möge jetzt nicht denken, ich mache mich lustig über ihn. Es gibt ein Lexikon für bedrohte Wörter und ein Internetforum, wo man diese anmelden kann. Nun ich hab's getan, man weiß ja nie wie weit der Tag entfernt ist, wo es keine schmutzigen Nägel mehr gibt.

Ausgesucht und kommentiert von Valeria Barouch

Die Auswahl

Der Morgen danach.
Wünsche mir verzeihen zu können
Irgendwann

Klemens Antusch

schnürlregen
der kindheit
Lesetage

Sylvia Bacher

Abend zu zweit
Schaumblasen knistern
im Badewasser

Christa Beau

Rheinpromenade
ein Stadtstreicher
kühlt seine Füße

Claudia Brefeld

Frühlingsanfang –
wie es wohl wäre
hätten wir Kinder

Klemens Antusch

langstrecken
auf der autobahn
Gedankenreisen

Sylvia Bacher

warten …
mein Herz schlägt noch
in einem anderen Leben

Gerd Börner

Im Rosengarten
ihr Duft
im Vorübergehen

Horst-Oliver Buchholz

noch eine Runde
im Kreisverkehr
der Kirschblütenwind

Simone K. Busch

Streitgespräch –
das letzte Wort hat
die Stille

Frank Dietrich

nächtlicher bahnsteig –
leise schwebt heimweh
über den gleisen …

Ruth Guggenmoos-Walter

Sommerschnitt
mein Schatten
mir fremd

Gabriele Hartmann

gepresste Vergissmeinnicht
im Tagebuch
fehlen Seiten

Anke Holtz

der Mirabellenbaum
ganz in Weiß,
ein flüchtiger Traum

Angelika Holweger

Nachtzug –
in jedem Fenster
ein anderer Traum

Eva Limbach

Kleinkind im Zoo –
am aufregendsten
das frei herumlaufende Huhn.

Reinhard Dellbrügge

Kirschbäume blühen
das Lied der Amsel erklingt
endlich ist Frühling

Gretlies Gehrts

Eckkneipe –
ihre Trauerränder zum
Gruss aus der Küche

Taiki Hajin

anemonenseen
weiß flutet
Wälder

Margarete Hihn

jeden Frühling
dieses Wort –
Buschwindröschen

Anke Holtz

Die Federn aufgestellt
treibt der Schwan im Wind –
Warum nicht mal segeln?

Reinhard Lehmnitz

Auf dem Marktplatz.
In der Schale des Bettlers
Wasser für den Hund.

Sigrid Mertens

im Klangrad
ein Marienkäfer berührt
die Stille
    Ruth Karoline Mieger

Venussichel
kaum hörbar ihr Wiegenlied
im Frauenhaus
    Eleonore Nickolay

mehlige hände
der zerkratzte ehering
am waschbeckenrand
    Sonja Raab

der Schüler zeichnet
seine Mutter – welche
Aufrichtigkeit!
    Dragan Ristic

Winter im Hof
die Kinder treten Blumen
in den Schnee
    Rita Rosen

das springende
Lamm weiß nichts
von Ostern
    Angelica Seithe

Sonnenuntergang
die Fensterrose
opfert ihren Glanz
    Erika Uhlmann

sie hält ihn fest
bis ins Heim
den Plüschlöwen
    Ruth Karoline Mieger

gegen atomstrom
der brüchige aufkleber
an der kühlschranktür
    Sonja Raab

Felder beginnen
höher zu steigen, hier und dort
brandet schon Mohn
    Rainer Randig

Grundstück an Grundstück
wenigstens die Hunde
können sich riechen
    Wolfgang Rödig

mit zitternder hand
malt sie sich den frühling her
die frau im rollstuhl
    Sofia Schlief

tangonacht
lange noch
die glut
    Helga Stania

Grenzüberschreitung
Privatallee der Mönche
Genießen
    Ruth Wellbrock

Der Storch im Aufwind –
über Kirschblütenmeeren
federt Hochspannung
Dagmar Westphal

die Seemuschel …
ich höre das Jauchzen
der Enkel
damals am Meer
waren sie Kinder
Christa Beau

zartheit
der toten hände
geöffnetes fenster …
ob sie noch einmal winken werden
ganz unmerklich …
Ruth Guggenmoos Walter

mit steifen Beinen
stakst er vorbei am Haus
der Jugendliebe
aus dessen Fensterhöhlen
ihm Gardinen winken
Gabriele Hartmann

Pusteblumen
gewachsen auf der Grenze
unserer Gärten –
Wind aus dem Osten
Wind aus dem Westen
Eva Limbach

gedenkkreuz
unten das rauschen des bachs
der sein leben nahm
Peter Wißmann

die Form des Windes
gefangen in den Weiden
am Ende des Traums
bin ich immer der Junge
der ich bin
Tony Böhle

Backfischgeburtstag –
in der Küche singt sie
falsch auf Englisch
Krame in Gedanken aus
dem alten Tagebuch
Taiki Haijin

Vorm Holstentor
die fröstelnde Braut
im luftigen Hochzeitskleid
Er zieht ihr
den Schleier vors Gesicht.
Annelie Kelch

dieses Wort
gefallen am Tisch
nebenan
weiß immer noch nicht
ob ich's behalten soll
Eva Limbach

trug der wind ihn mir zu
den duft des parfüms
meiner freundin von einst?
beides gibt es nicht mehr –
woher dieser duft?

Theo Schmich

die Nachtigall
im verwilderten Garten
schwach mischt sich
ihr Lied in den Geschmack
eines Granatapfels

Helga Stania

Margaretha Hihn

Mitgliederseite

Jedes Mitglied der DHG hatte die Möglichkeit, eine Einsendung zu benennen, die bei Nichtberücksichtigung durch die Jury der Haiku- und Tanka-Auswahl auf dieser Mitgliederseite veröffentlicht werden soll.

Fuchs schleicht frech durchs Feld
Lerche singt ihr Lied dazu
Weizen sonnengelb
Daniel Behrens

Wintersturm
er hält sich fest
an seinem Glühbier
Hildegard Dohrendorf

das Funkeln der Sterne
kein Anfang
kein Ende
Gregor Graf

schwarzer kirschbaumstumpf
kindheit – kühler schlummer
im süßen schatten
Steve Hoegener

Auf der Dorfwiese
vorm Zirkus –
ein Löwenzahn
Annelie Kelch

mit dem Gezwitscher
aus der Unbeweglichkeit
wieder Erwachen
Beate Koepsell

Bliebst auch heut' Nacht
Raum für Ungesagtes
leeres Blatt Papier
Horst-Oliver Buchholz

Körperwärme
Die Sommernacht
vor dem Erwachen
Hans-Jürgen Göhrung

Im Vogelzwitschern
die durchdringende Stille
des Waldrands abends
Wolfgang Gründer

Gäste angesagt
Schmandkuchen im Backofen
Tisch-Fliege wartet
Ute Kassebaum

Höhenflüge
ich singe die Lieder
der Nachtigall
Silvia Kempen

Zaunwinde
empor klettert
lacht das Gestern an
Hildegard Korsten

53

Helles Himmelsblau
in dem die Amseln schwimmen
das Rapsfeldgelb schreit

Beate Kunisch

Im Plätschern der Wellen
scheint das Zeitgefühl
sich auszuruhen

Reinhard Lehmitz

Die Katze schärft die Krallen
in ihrem Revier
tobt der Sturm

Petra Quintus

im springbrunnenstrahl
ein regenbogen
badet bei sonnenschein

Theo Schmich

Ein Liebeshaiku,
gelesen vor Publikum
und doch nur für dich.

Gerhard A. Spiller

ein frischer Wind
weht durch den Garten
honigsüß Mahonienduft

Ingrid Töbermann

Den Vortrag verpasst im
NABU-Haus: Florfliege
verfing sich im Haar

Dagmar Westphal

im Gartenteich
ein Reiher
morgen ist karfreitag

Renate Küppers

Frühlingswind
der Welpe spielt
mit einem Lichtfleck

Ramona Linke

Sommerregen rauscht
schwerelos bewegen sich
Weinbergschnecken

Rainer Randig

Kirschblüten –
das Wunder des
Wiedersehens

Angelica Seithe

ihr lächeln welkender mohn

Helga Stania

die Pausenklingel
befreit Schrillen und Zwitschern
aus schmalen Körpern

Traude Veran

Taubenfedern
in den Fängen des Falken
der Geruch von Angst

Klaus-Dieter Wirth

Lebe im Paradies
ohne Adam und Schlange
mit dem Malkasten.
Um mich herum die Blumen,
die ich aufs Papier zaubre
Christa Wächtler

Nach dem Regen

Frühstück auf dem Balkon

Nur du und ich

Haiga: Kerstin Hirsch

Haibun

Birgit Lockheimer

Heimweg

Es ist schon dunkel. Auf dem Heimweg gehe ich noch schnell beim Supermarkt um die Ecke vorbei, um etwas fürs Abendessen zu besorgen. Die schwere Einkaufstüte in der Hand eile ich nach Hause. Aus den Augenwinkeln nehme ich flüchtig einen offenen Hauseingang wahr, darin zwei schwarz gekleidete junge Männer, die einen länglichen Gegenstand in einer Plastikhülle tragen. Vermutlich ein Surfbrett. Ich gehe weiter und überlege, was ich gleich kochen werde. Am Straßenrand parkt ein dunkler Kombi, die Hecktür steht offen. Plötzlich wird mir klar, was die Plastikhülle verbirgt. Ich halte inne und neige mein Haupt.

> Wettlauf mit der Zeit
> Einer bleibt liegen
> Wir laufen weiter

Birgit Lockheimer

Organ²/ASLSP

Vor gerade mal einer Woche habe ich erstmals von dem Projekt erfahren. Und nun stehe ich hier vor der Burchardi-Kirche in Halberstadt, um die Aufführung des langsamsten Musikstücks der Welt mitzuerleben. Eigentlich hätte ich mich nicht beeilen zu brauchen. ASLSP steht für „as slow as possible" und ist eine Tempoangabe des amerikanischen Komponisten John Cage für sein Orgelwerk. Viele Musiker haben sich seit der Uraufführung im Jahre 1989 überlegt, wie lange „so langsam wie möglich" ist. Die Antwort, die in Halberstadt gegeben wird, lautet: 639 Jahre, das entspricht der Lebenserwartung einer Orgel. Im Jahr 2001 begann die Aufführung

56

mit einer Pause, im Februar 2013 war dann der erste Ton zu hören. Diejenigen, die das Projekt initiiert haben, werden sein Ende im Jahr 2640 nicht mehr erleben. Werden überhaupt noch Menschen leben, wenn der letzte Ton verklingt? Und werden kommende Generationen das Kunstwerk weiterführen und vollenden?

Ich betrete das Halbdunkel der Kirche und bin sofort gefangen. Ergriffen lausche ich dem Klang, der durch das Kirchenschiff schwebt, und verliere jegliches Zeitgefühl.

> Klangkathedrale
> schwebend im Raum
> ein Stück Ewigkeit

Am Abend schlage ich im Hotel ein Nachrichtenmagazin auf. Mein Blick fällt auf Bilder aus Palmyra.

Christa Beau

Der weiße Pullover

Endlich duftet es wieder nach Frühling.

Ich werde in meinem Kleiderschrank die Wintersachen gegen die Frühjahrsbekleidung tauschen.

Als ich nach einem weißen Pullover greife, muss ich innehalten. Sanft streiche ich über die Angorawolle, führe sie an meine Wangen und schließe die Augen. Ich rieche das Parfüm meiner Mutter. Süß, aber nicht aufdringlich.

Eigentlich ist das nicht möglich, denn ich habe den Pullover schon getragen und gewaschen. Und doch rieche ich ihr Parfüm. Als ich die Augen wieder öffne, ist der Duft verflogen.

Ich setze mich aufs Bett und denke an einen Winterabend im warmen Wohnzimmer meiner Mutter.

Wir sahen fern und unsere Stricknadeln klapperten. Ich strickte mir einen grauen Pullover mit Zopfmuster und Mutter diesen Angorapullover.

Er war schneeweiß und passte gut zu ihr. Ihre rötlich gefärbten Haare bildeten einen guten Kontrast. Sie konnte ihn zu fast all ihren Röcken und Hosen tragen.

Einmal sagte sie zu mir: *Wenn ich mal nicht mehr bin, dann kannst du ihn haben.* Ich schmunzelte.

Mutter ging früher als erwartet, hinterließ Tränen, Traurigkeit, viele schöne Erinnerungen und diesen weißen Angorapullover. Sie wollte, dass ich ihn anziehe.

Als ich ihn das erste Mal trug, hatte ich ein gutes Gefühl auf der Haut. Er war weich, leicht, wärmte und roch nach ihr.

Dann stand ich vor dem Spiegel.

Ich sah nicht mich, sondern sie. Ihre Augen, ihre Gesichtszüge, ihr Lächeln und ihr Kleidungsstück.

Ein anderes Bild drängt sich in meine Erinnerung: die Glatze mit der Nummer, die großen tief liegenden Augen, dünne Arme und Beine, die blaue Farbe der Haut.

Den ganzen Tag über fühlte ich mich schlecht. Immer wenn ich an einer Spiegelfläche vorüberging, sah ich Mutter im Krankenbett. Letztlich begann der Pullover, auf der Haut zu jucken.

Ich wusch ihn und legte ihn in den Schrank.

Nun halte ich den weißen Angorapullover in den Händen, streichele ihn, so wie ich es gern mit Mutter tun würde. Ich verstaue ihn in einer Truhe voller Erinnerungen und lege ein Lavendelherzchen dazu, damit ihn die Motten nicht zerfressen. Meine Hand berührt ein Buch.

das alte Tagebuch
zwischen den Seiten
Tränen

Tan-Renga

Gabriele Hartmann
und Brigitte ten Brink

altes Tagebuch
ich blättere in einem
anderes Leben

und kann die Natur des Bösen
nicht länger verleugnen

BtB / GH

Gabriele Hartmann
und Silvia Kempen

schwerer Atem
am Ende der Leiter
der Himmel

aus Spraydosen
bunte Worte seiner Liebe

GH / SK

Gabriele Hartmann und Rita Rosen

gespitzte Lippen
ein fremder Herr grüßt
meine Amsel

verärgertes Bellen
hinter dem Zaun

GH / RR

Aprilschauer
die Temperatur ihrer Worte
sinkt

der Pullover
hat keine Kapuze

GH / RR

Ruth Karoline Mieger und Brigitte ten Brink

Kita – Wiese
voller kleiner Sonnen
die wilde Mirabelle

sie zählt Globuli – ihr
Taschentuch spitzengesäumt

RKM / BtB

nach all den Jahren …
den Vögeln lauschen im
Garten der Eltern

auf der Treppe
die verbeulte Puppe

BtB / RKM

Rengay

Gabriele Hartmann, Silvia Kempen und Brigitte ten Brink

ohne Grenzen

Primzahlen
sie nimmt sich das größere
Stück

Haus Nummer 11 – am Fenster
nackte Muskelpakete

schlecht für die Figur
der Nachtisch heute
Schwarzwälderkirsch

in Vorleistung … doch dann
geht's wieder nur um Quoten

ohne Grenzen
Ärzte, Luftfahrt, sogar Clowns
lachen und weinen

und der kleine Zinnsoldat
fährt den Rinnstein runter

GH: 1, 4 / SK: 2, 5 / BtB: 3, 6

Rüdiger Jung und Conrad Miesen

ANSTECKEND ALL DIE JAHRE

(i. m. Margret Buerschaper)

Ein Hokku dichten
beim Pfingstkongress! Margret
verteilt Zäsuren

Noten der Stille
geradezu singbar

und metaphysisch
auf der Pestruper Heide –
Lerchen steigen auf

Das Lob der Sonne
eine Frage
des Windes

Ansteckend all die Jahre:
die franziskanische Preisung

auf Du und Du
mit Issa Kobayashi
und seinen Grillen

RJ: 2, 4, 6 / CM: 1, 3, 5

Kettengedichte

Zukünftig können jetzt auch längere und lange Kettendichtungen einge-
reicht werden, diese werden dann aber nicht mehr im SOMMERGRAS,
sondern auf der DHG-Website, parallel zur jeweiligen SOMMERGRAS-
Ausgabe veröffentlicht. Auf diese Weise wird die gemeinschaftliche Ket-
tendichtung besser gefördert, da es so keine Platzeinschränkungen mehr
gibt, die beim SOMMERGRAS ja immer eine Rolle spielen.

Die Kettendichtungen (*renk*u) bitte immer mit dem zugrunde liegenden
Schema einreichen, da es so für die Leser besser nachvollziehbar ist.

Wir freuen uns auf Ihre Zusendungen!

Silvia Kempen

verloren
Tanka-Sequenz

der einzige Sohn –
unsere Eltern am Grab
untröstlich
höre ich auch heute
sein fröhliches Lachen

Heiligabend
nur noch wir drei Mädchen
vor den Geschenken
im hellen Kerzenschein
ohne Weihnachtslieder

neue Sterne
am Silvesterhimmel
fallend
in Richtung Morgensonne
leise Schneeflocken

frisches Grün
Nacht für Nacht versuchen
den Fluss zu queren
bei Neumond endlich
reichst du mir deine Hand

beim Blättern
im Familienalbum
das Glück
eines Kindergeburtstages
unter freiem Himmel

und Mutter sorgsam
Hemd für Hemd faltend
darauf bedacht
dass die Tür zur Vergangenheit
verschlossen bleibt

ein Staudamm bricht
am anderen Ende der Welt
und wir hier
an diesem Sommertag
brechen in Tränen aus

Haiku und Tanka aus dem Internet

Internet-Haiku-Kollektion
von Martin Berner, Claudia Brefeld und Eleonore Nickolay
Aus den Monatsausgaben Februar, März, April 2017 von haiku-heute,
haiku-like, VerSuch, Tageshaiku und fotohaiku.com wurde folgende Aus-
wahl (30 Haiku) für SOMMERGRAS zusammengestellt:

wartezimmer
ein kind singt hinein
ins schweigen
> **Gerald Böhnel**
> haiku-heute

am Rande der Lichtung
der Meister malt
das Zittern der Zweige
> **Gerd Börner**
> haiku-heute

Eisschmelze
wir beide mit den Stiefeln
im Mondhimmel
> **Claudia Brefeld**
> Tageshaiku

Pflaumenblütenduft die Tonvariation einer Liebesnacht
> **Beate Conrad**
> VerSuch

Zwiesprache
mit dem fallenden Schnee …
ein hölzernes Kreuz
> **Heike Gericke**
> Tageshaiku

langer Winter …
die vergessenen Namen
auf Klebezetteln
> **Heike Gericke**
> haiku-heute

im Zimmer noch
ihr Duft
er schließt das Fenster
> **Anke Holtz**
> fotohaiku.com

Erbrochenes
Die Tauben streiten um den
größten Brocken
> **Hans-Jürgen Göhrung**
> haiku-heute

Auffanglager
sie faltet
Kraniche
> **Gabriele Hartmann**
> haiku-heute

Hochzeitstorten
Kinder vor dem Schaufenster
Willst du mich heiraten?
> **Diethelm Kaminski**
> fotohaiku.com

Tauwetter
ein Tropfen schüttelt den Baum
in der Pfütze
> **Gérard Krebs**
> haiku-heute

Einsiedlerklause
der unbefestigte Weg
nach innen
> **Eva Limbach**
> haiku-like

logout   das flüstern des frühlings

> **Eva Limbach**
> VerSuch

Miloriblau
die stilvollen Lautlosigkeiten
zwischen seinen Zeilen
> **Ramona Linke**
> VerSuch

nach dem Krankenbesuch
wieder
ernst werden
> **Anke Holtz**
> haiku-heute

Junges Grün …
Der Nachbar legt sein Kissen
aufs Fensterbrett
> **Martina Sylvia Khamphasith**
> fotohaiku.com

Die Kleine übt zählen –
all die Sommersprossen
in Mutters Gesicht
> **Marianne Kunz**
> haiku-heute

schlaflose Nacht
in jedem Fenster
der Frühlingsmond
> **Eva Limbach**
> haiku-like

Terminals Cycle
uns trennen
die Winterfarben des Flusses
> **Ramona Linke**
> VerSuch

Tauwetter
der alte Mönch
gähnt
> **Ramona Linke**
> Tageshaiku

Wendeltreppe
langsam verlasse ich
mein Schneckenhaus
> **Diana Michel-Erne**
> haiku-like

stille im raum
dann schaltet sich leise
der player ab
> **René Possél**
> haiku-heute

Nach dem Konzert
das Echo des Mondlichts
im Schnee
> **Heinz Schneemann**
> haiku-heute

vernetzt in der zeit das licht im klosterhof
> **Helga Stania**
> VerSuch

mondlichtschwingen
hindurchschauen in eine Zukunft
> **Helga Stania**
> VerSuch

Vogelschrei
der Tag schüttelt
Dunkelheit aus den Federn
> **Brigitte ten Brink**
> haiku-heute

Traumreste
beim Erwachen
auf deinem Gesicht
> **Eleonore Nickolay**
> haiku-like

achtzig neue nachbarn
an meiner haustür
frisches fladenbrot
> **Sonja Raab**
> Tageshaiku

Frühlingsanfang
das Licht im Haar
meines Kindes
> **Heike Stehr**
> Tageshaiku

Schreibseminar
das Seufzen der Stifte
auf dem Papier
> **Brigitte ten Brink**
> Tageshaiku

Internet-Tanka-Kollektion

von Martin Berner, Claudia Brefeld und Eleonore Nickolay
Aus dem Online-Magazin für Tanka „Einunddreißig" wurde folgende
Auswahl für das SOMMERGRAS zusammengestellt:

Im Schaukelstuhl
Sonnenstrahlen
meterlang
in den Winterpullover
stricken

Christa Beau

Abschiedsworte
werden zu
Atemwolken
werden
zu Abendwolken

Frank Dietrich

sleep mode…
ich träumte ich sei
ein roboter
der träumte er sei
ein mensch

Frank Dietrich

ein flüchtiger Blick
ich und diese Frau
in meinem Spiegel
wann wir uns fremd wurden
weiß keine von uns

Eva Limbach

Cervantes' Don Quijote
auf dem Stapel
„Mängelexemplare" –
ich kaufe es
aus purer Solidarität

Tony Böhle

dieser Schatten der mich nun
schon den ganzen Tag
verfolgt
wird länger und länger – als sei es
die Nacht die mir nachstellt

Frank Dietrich

den Kopf
unter der Decke
werde ich
mit klopfendem Herzen
zu einem Embryo

Silvia Kempen

dorthin zurück
wo wir Kriege führten
um alles und nichts
der Kirschbaum noch einmal
in voller Blüte

Eva Limbach

Winterstürme
kämmen die Birke
vorm Haus
Besorgt betrachte ich die
Flaute in meinem Inneren
  Angelica Seithe

Bewegungslos
und wintergrau der Tag
vor meiner Scheibe
Die Wanduhr stehengeblieben
zuckt mit einem Zeiger
  Angelica Seithe

einige Wochen
nach Vaters Tod
beinahe schüchtern
kauft sich meine Mutter
den grünen Sammetrock
  Helga Stania

unwetterwarnung
die Unruhe der Hunde
in ihrem Zwinger

Haiga: Hans Jürgen Göhrung

Rezensionen/Besprechungen

Klaus-Dieter Wirth

Mondlicht zündet die Stimmung an

Mondlicht zündet die Stimmung an (Haiku – Tanka – Haibun – Haiga) von Christa Beau. epubli GmbH, Berlin. 2016. ISBN 978-3-7418-1885-1. 74 Seiten.

Christa Beau ist eine Autorin, die ihr Handwerk versteht: mit wachem Blick für ihre direkte Umwelt, daheim wie in der Natur, dazu mit sicherem Zugriff auf eine konzise Sprache im Wissen um den effektvollen Einsatz haiku-poetischer Mittel, die immer wieder durch frische Sichtweisen überraschen, Assoziationsspielräume eröffnen, um so den genretypischen Nachhall zu garantieren.

Besuch
ich öffne die Tür
in meine Welt

im Straßencafé
die Sonne
setzt sich zu mir

der Lavendel blüht
Hummeln wippen
im Duft

E-Mail
dein Lachen
im Anhang

Neben den insgesamt 85 Haiku enthält diese Neuerscheinung noch 9 Tanka, 8 Haibun und 10 Foto-Haiga, letztere in Farbe und technisch variierend von Handzeichnungen bis zu computergenerierten Objektbildern mit jeweils eingeschriebenem Typentext. Auch in diesen Bereichen zeigt Christa Beau, dass sie sich eine bemerkenswerte Kompetenz erarbeitet hat.

geflüsterte Worte
zum Abschied
der Sohn zieht nun
in die Welt
einer anderen Frau

Formal folgen die Tanka weder dem klassischen 5-7-5-7-7-Silbenschema noch der strengen inhaltlichen Zweiteilung in einen Oberstollen mit Naturbezug und einen Unterstollen mit Umschlag in die persönliche Empfindungswelt. Doch davon hat sich das zeitgenössische westliche Tanka ja schon längst emanzipiert. Und so überzeugen auch diese Texte durchaus durch ihre situative Geschlossenheit und emotionale Ansprache.

Ebenso berühren die Haibun durch ihre besondere erlebte Betroffenheit, halten behutsam die Spannung aufrecht und verhelfen den Texten mit einem geschickt eingesetzten, kontrapunktischen Haiku – jeweils am Schluss – zu größerer Tiefe.

Ein sehr empfehlenswertes Studienobjekt für alle an diesen vier Literaturformen japanischen Ursprungs interessierten Lesern.

Ramona Linke

NICHTS

NICHTS von Sonja Raab. Haiku. BoD-Verlag, Norderstedt. 2017. ISBN-13 978-3-7412-9868-4. 148 Seiten.

Sonja Raab, Jahrgang 1975, lebt mit ihrer Familie in Opponitz im Ybbstal, Niederösterreich. Seit Jahren in virtueller Freundschaft mit ihr verbunden, beeindrucken mich immer wieder ihre ehrliche Bescheidenheit und die herzerfrischende Art ihres Auftretens. Sie ist ein bodenständiger, naturverbundener Familienmensch.

In der Einleitung beschreibt sie ganz dezent, was Haiku für sie ist: Die Essenz … „*Haiku ist für mich die Reduzierung auf das Wesentliche. Die Essenz eines Tages, eines Erlebnisses, eines Moments. … Nach jahrelangem Bemühen, 5-7-5 Silben einzuhalten, erscheint es mir mittlerweile wichtiger, ein fließendes Haiku natürlich aussehen zu lassen, als mich an starre Regeln zu halten.*" Die Regeln zu erlernen, um sie dann zu vergessen, diese Empfehlung von Bashô hat sie instinktiv verinnerlicht.

Mit dem Vorwort – oder besser gesagt: Mit den Vorworten, den einzelnen lyrischen Abschnitten – versucht Sonja Raab, Leserinnen und Leser auf das im Titel angekündigte NICHTS einzustimmen. Zwischen den Zeilen des Abschnittes „Nicht Handeln", auf S. 9 ihres Buches musste ich an *Leerheit* denken.

Gern möchte ich drei ihrer Haiku vorstellen und jeweils meine Gedanken dazu notieren:

drei schwarze punkte
in der weite des landes
nichts sonst

… ankommen, inmitten einer unberührten Schneelandschaft, lauschend, staunend. Die Augen zusammengekniffen bemerke ich die drei Punkte, dann drehe ich mein Gesicht ins Sonnenlicht und schließe die Augen. Angekommen.

tintenspur
die fallenden blätter
im gegenlicht

… loslassen, meine Gedanken vom Tintenfluss lösen und tief durchatmen, beim Blick aus dem Fenster bemerke ich den Herbst, der sich zur Nachmittagsstunde im schönsten Licht präsentiert, trinke die Farben. Dann bemerke ich die Stille im Haus und die beschriebenen Seiten auf und neben dem Schreibtisch. Losgelassen.

weiße vorhänge
weh'n aus der alten villa
und klaviermusik

… entspannen. Beschleunigen oder **Verlangsamen?** Wehendes Weiß winkt mich heran, fordert mich auf, innezuhalten, und ich nehme mir Zeit. Die **harmonische** Ergänzung des Alten durch etwas Neues. Ich finde mich wieder im Gemälde „Villa R." von Paul Klee und höre Musik von Chopin. Unbeschwert.

Das Buch von Sonja Raab begreife ich als wunderbares Geschenk. Ihre Haiku sind so viel mehr als Nichts und teilweise angefüllt mit jener *Leerheit*, die mich staunen macht.

Auf dem Einband unter dem Buchtitel kann man, wenn man genau hinschaut, ein Ensō erkennen.

*Testamentseröffnung
immer noch
ihre verschlossenen Lippen*

Haiga: Ruth Wellbrock (Bild), Claudia Brefeld (Haiku und Gestaltung)

Stefan Wolfschütz

Haiku-Förmchen

Haiku-Förmchen von Rainer Randig. Schreibbilder. Hardcover. BoD-Verlag, Norderstedt. 2017. ISBN-13: 978-3-7431-9213-3. 164 Seiten.

Rainer Randigs Buch *Haiku-Förmchen* gehört zu jener Sorte von Büchern, die man unbedingt einmal in der Hand gehabt haben sollte.

Schreibbilder. Was ist das eigentlich, dachte ich, als ich das Buch zum ersten Mal in den Händen hielt. Die Schreibbilder, in Originalgröße (12 x 13 cm) reproduziert, wurden ursprünglich auf handgeschöpftem Büttenpapier in einem Skizzenbuch ausgeführt, vorwiegend mit asiatischen Schreibpinseln und Aquarellfarben. Rainer Randig ist Kunstpädagoge und lebt mittlerweile im Ruhestand. An seinem Pinselstrich merkt man, dass er sein Handwerk über die Jahrzehnte nicht nur gelernt, sondern es zu künstlerischer Fertigkeit gebracht hat. Manches erinnerte mich an die Haiga von Ion Codrescu, wie sie in „Der Duft des Tuschsteins" zu finden sind. Im Unterschied zu Codrescu arbeitet Randig nicht mit zusätzlicher bildhafter Verfremdung, sondern erzeugt die Impressionen ausschließlich über den Text und seine Ausformung.

Der Druck auf einem dafür hervorragend geeignetem dicken Papier rückt die Bilder ins rechte Licht und bringt genau das rüber, was sich in der Verbindung von Text, Pinsel und Bild entfaltet. Dazu erhalten die kleinen Werke viel Raum, und das ist gut so. Der leere Raum, aus dem das Buch zur Hälfte besteht, öffnet die Gedanken für die Farben und „Förmchen" der Tuschbilder. Auf eine leere linke Seite folgt ein Schreibbild, dann wieder eine leere linke Seite, darauf rechts in zartem Grau das Haiku. 37 Schreibbilder, 37 Haiku spielen auf 148 Haiku Seiten mit der sinnlichen Wahrnehmungsfähigkeit des Lesers.

Die Haiku sind schon für sich genommen lesenswert, aber durch die Farben und Ausformungen der Schreibbilder wird das Ganze zu einem „malzeitlichen" Genuss. Dabei ist die Kunst der Pinselführung an keiner

Stelle aufdringlich oder gar effektheischend, und schon gar nicht geht es um Illustration der Kurzgedichte. Vielmehr wird vom Haiku auf einer anderen zweiten Ebene noch einmal etwas gezeigt, was das jeweilige Haiku tief im Inneren ausmacht. Letztlich bleibt das Haiku, was es ist, Wort und Schrift; der Pinsel macht es nicht besser, *aber die Schriftspur stimuliert die bildliche Wahrnehmung und damit die möglichen Resonanzbilder im Kopf des Lesers (R. Randig, Haiku-Förmchen, S. 5.)* So kann man sich in manches Schreibbild wunderbar hinein versenken und nach einer Weile mit dem Gefühl wieder emporsteigen: Ja, ich hab's.

Stefan Wolfschütz

Sinnliche Holdseligkeit

Sinnliche Holdseligkeit von Gerhard A. Spiller. Liebeslyrik in Form von Haiku. BoD-Verlag, Norderstedt. 2016. ISBN-13: 978-3-7412-7164-9. 108 Seiten.

Wie Erich Kästner schon wusste: *Es gibt nichts Gutes, außer man tut es.* Gerhard Spiller hat es getan in 303 Haiku eines kleinen Büchleins, das 2016 bei Books on Demand erschienen ist. Sein Titel *Sinnliche Holdseligkeit. Liebeslyrik in Form von Haiku.*

Gerhard Spiller ist sich sehr wohl der Problematik bewusst, das Thema Liebe in einer Vielzahl von Haiku zu behandeln, doch er hat eine einfache Erklärung in seinem Vorwort gefunden: *Als Freund der in Japan sehr beliebten Haiku weiß ich, dass es sich bei letzteren Texten eigentlich um Naturgedichte handelt, aber ist die Fähigkeit zu Liebe nicht Bestandteil der menschlichen Natur?*

Sein *Brückenschlag der Kulturen*, zwischen West und Ost, an dem er mit diesen Haiku bauen will, ist vielleicht ein wenig hoch gegriffen, aber das möge jeder Leser selber beurteilen. Alle Haiku schreibt er in strenger klassischer Form: 3 Zeilen, 17 Silben im Schema 5-7-5.

Es ist gewiss kein Buch, das man in einem Rutsch durchlesen kann. 303 Haiku über sehr persönliche Erlebnisse. Manches berührt seltsam, anderes wiederum erinnert an die Hochzeiten der eigenen Liebe, der Verzückung, des Wahns, den manchmal kindlich naiven Gefühlen, die nur durch Hingabe zu ertragen sind. Nach den ersten hundert Haiku ist man schon versucht aufzugeben, aber warum? Also weiter:

Leben ohne Uhr:
Zeit ist ohne Bedeutung,
wenn wir uns treffen.

Beinah wie im Rausch fliegen die Texte über die Seiten:

Ein wilder Schauer
durchläuft unsere Körper
nach dem ersten Kuss

303 Haiku. Geschah das an 303 Tagen? 303 Nächten? 303 Stunden? Alles denkbar, alles möglich in solcher Zeit:

Das Licht des Mondes
wandert über dein Gesicht
und lässt es strahlen.

Doch dann nach 302 Haiku kommt es: Das dreihundertdritte dreht als letztes und einziges den Spieß um, holt die Gefühle und damit das Buch vom Himmel auf die Erde zurück:

mein Herz ist so schwer,
die Liebste ist gegangen!
Kommst du jetzt zurück?

Überrascht von diesem Haiku-Moment stelle ich das Buch und meine Erinnerungen ins Regal.

etwas Gelbes

Ein Haibun von Gabriele Hartmann in der Aufmachung zweier Künstler-bücher, von denen eins mit farbig verfremdeten Bildteil (Buch A) und das andere mit einem eher einfach bearbeiteten Bildteil ausgestattet ist (Buch B).

etwas Gelbes. Herausgegeben von Ralph Günther Mohnnau. Grafische Zeichen und Harfe Kasia Lewandowska. Text-Selektion und Gestaltung Atelier alpha sieben, Sulzbach. Auflage je 24 Exemplare, nummeriert und signiert von der Autorin. 18 Seiten im Acryl-umschlag mit DVD. Verlag Edition alpha sieben, Sulzbach. 2017.

Thorsten Ladda

etwas Gelbes von Gabriele Hartmann (Buch A)

Wer hat Angst vor Rot, Gelb und Blau? Die Farben leuchten, fließen, überlagern sich, es muss ein heißer Tag gewesen sein. Dem Betrachter eröffnet jede Seite des Künstlerbuchs einen Augenblick, flüchtig und fi-xiert zugleich. Die glatten Seiten mit den rechteckigen Bildformaten und den geradlinigen Buchstaben bilden einen irritierenden Kontrast zum leicht ausgefransten, gelblichen Büttenpapier, das so herrlich rauscht beim Umblättern der Seiten. Die Fotos verfremdet, mit gerissenen Kanten, inei-nander kopierten Farben, gestempelten Konturen. Kontraste sind das ei-gentliche Thema dieses künstlerischen Spiels mit dem Text von Gabriele Hartmann: komplementäre Farben, das Gelb der Sonne, das Blau des Wassers, hell und dunkel, gerade und schief, groß und klein, nah und fern, weit und eng. Die herausgehobenen Worte schaffen mit ihrer tanzenden Typografie eine scheinbare Linearität. Doch bleiben die Buchstaben selt-sam entrückt, treiben ihr Spiel mit der Lesbarkeit. Ein Spiel, das dazu ein-lädt, den Blick schweifen zu lassen, irgendwo in den Süden, ans Wasser, an einem heißen Tag. Bis uns das Rauschen des Papiers zurückholt und Gab-riele Hartmanns Haibun die Eindrücke ordnet.

Matthias Budde

etwas Gelbes von Gabriele Hartmann (Buch B)

Hat der Leser den schweren Schutzumschlag aus Plexiglas geöffnet, leuchtet ihm unmittelbar ein, was es heißt, ein Buch aufzuschlagen. Zwar haben die 35 cm x 46 cm großen Acrylplatten Verschlüsse, beeindrucken aber durch ihr Gewicht. Um ein Buch handelt es sich bei den 18 Din A3 Einzeldrucken in Seidelbastpapier auch nur im weitesten Sinne, und so sollte man diese auch betrachten, mit geweiteten Sinnen.

Gabriele Hartmann erzählt von einem Urlaub in Südfrankreich. Kurz, pointiert, verrätselt und verspielt und in der Tradition des japanischen Haibun. Die Erzählerin beobachtet einen Mann, der von einer Brücke aus ein junges Mädchen fotografiert und so zum beobachteten Beobachter wird. Distanz ist das vorherrschende Stilmittel des Textes.

Per Zufall, durch ein Verrücken der Kamera, erscheint das Mädchen im Display mit ihrem großen gelben Sonnenschirm, überquert den Fluss durch eine Furt und verschwindet durch Gassen und Ecken über Stufen in einer Tür. Umständlich hantiert das Mädchen mit dem Schirm, öffnet und schließt ihn, verdeckt und enthüllt damit abwechselnd ihren Körper oder legt den Schirm wie eine Lanze ein, gegen das Objektiv des Voyeurs, mit dem sie kokett spielt und sich verschämt abwendet.

Gabriele Hartmann lässt hier das Lolita-Motiv anklingen. Absichtslos zunächst und voller Unschuld. Das Haiku „Nachmittagssonne / sein Blick treibt / mit dem Strom", fängt die verträumte, gelassene Stimmung ein. Dann macht die Erzählerin mit ihrem Protagonisten einen Zeitsprung von einem Jahr, schafft somit noch mehr Distanz.

Dasselbe Urlaubsziel, er betrachtet die Fotos. Am Zielort auf der Brücke das Gefühl, dass etwas fehlt – etwas Gelbes. Er nimmt denselben Weg wie das Mädchen im Vorjahr. Streift durch die gleichen Gassen, um die gleichen Ecken, nimmt dieselben Stufen.

„Eine Tür öffnet sich", lautet der letzte Satz vor dem abschließenden Haiku. Erhalten von hier aus die an den Anfang des Textes gestellten Worte „fünf / fordert sie" eine Bedeutung? Wird ein Tabubruch angedeutet? Das Werk schließt offen mit dem Haiku: „lächelnd … / in ihrer Hand / der gelbe Schirm."

Ein Haibun folgt anderen Formkriterien als eine westliche Prosaskizze und entzieht sich auch deren Interpretationsmustern. Gabriele Hartmann geht in ihren Haiku eigene Wege und richtet ihren Diwan west-fernöstlich aus. Besonders im beigefügten Video-Clip von Wol Müller kann man das Spiel mit den Grundfarben Gelb (Schirm), Rot (Badeanzug), Blau (Wasser) nachempfinden. Gegensätze wie Distanz und Nähe, Beobachtung und Fiktion fallen im Augenblick ineinander. Der Weg führt ins Offene. Zu den Harfenklängen von Kasia Lewandowska leuchten plötzlich Sinnzusammenhänge auf, die sich im nächsten Moment verflüchtigen.

Ein synästhetisches Vergnügen.

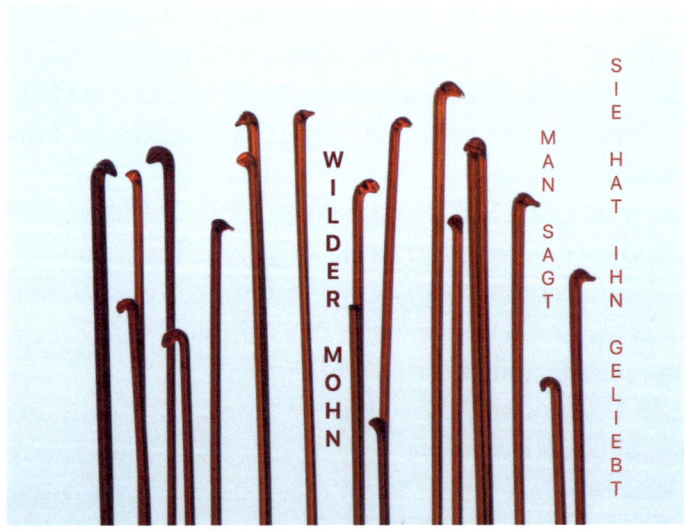

Haiga: Gabriele Hartmann

Leserbriefe

Gedanken zu Friedrich Kelbens Beitrag „Lebensbewältigung und Haiku"

Die ausführlichen Darlegungen des oben genannten Themas waren für mich von großem Interesse, vor allem wegen der Aspekte Krankheit und Behinderung. Die Grundstimmung, wenn er z. B. fragt, wie lustig darf ich sein, wenn es um das Vergessen geht, kann ich gut nachempfinden im fortgeschrittenen Alter. Oder wenn er sich auf Nietzsche beruft, der im schlechten Gedächtnis gar einen Vorteil sieht. Dieser Meinung stimme ich sogar schmunzelnd zu, da erfahrungsgemäß beim Nachlesen von Sätzen oder Texten häufig erstaunlich neue Perspektiven zutage treten. Und mit der Forderung nach Langsamkeit erst, der sogar eine Kraft nachgesagt wird – Claudia Brefeld in ihrem Beitrag vom Juni 2013 – bin ich sehr einverstanden.

Die Frage, ob die Haiku kranker Menschen anders seien, möchte ich eher verneinen, zumindest, wenn sich der Kranke nicht mit seiner Krankheit identifiziert und vor allem kreativ bleibt. Die Beschäftigung mit Sprache, hier z. B. mit dem Haiku-Schreiben – stellt für mich, neben der kreativen sprachlichen Herausforderung, auch eine Hilfe zur Altersbewältigung dar, von den kleinen Erfolgserlebnissen ganz zu schweigen. Die notizartige Form des Haiku in der Gegenwart abgefasst, fordert oft zu Bestandsaufnahmen des Istzustands (der eigene Seelenzustand) heraus, denen heilende Wirkungen nachgesagt werden, ähnlich wie das Protokollieren von Träumen therapeutischen Erfolg nach sich ziehen kann. Mit der Empfehlung, den Augenblick zu dehnen, deckt sich die Meinung Friedrich Kelbens mit der von David Steindl-Rast (in „Achtsamkeit des Herzens"), der dem Haiku eine kontemplative Dimension beimisst.

Die Haiku von Friedrich Kelben, die nach bestandener Krankheit entstanden, haben mir gefallen und mich beeindruckt. Gleich das erste scheint mir am gelungensten:

Rollstuhl
der Praktikant schiebt
meine Sorgen fort

Ich bedanke mich bei ihm für den ungewöhnlichen, imponierenden Beitrag mit dem Dreizeiler:

Kreativität
ein heilsamer Weg
durch das Leben
　　　Ruth Wellbrock

Haiga: Silvia Kempen

Berichte

Beate Wirth-Ortmann

Nein, die gute alte Salon-Kultur ist nicht tot

Zum Frühjahr hat Ruth Karoline Mieger wieder zum Wiesbaden-Bierstädter Haiku-Workshop eingeladen, und diesmal ist auch Frau Baumgart-Pietsch als Pressevertreterin des Wochenblattes VorOrt erschienen. Sie ist recht beeindruckt worden von der Intensität der Arbeit und des Eifers der Teilnehmer.

Diese beschäftigen sich seit drei bis 35 Jahren mit dem Haiku, sind teilweise also schon recht alte Hasen. Trotzdem stellen sich ihnen immer wieder grundsätzliche Fragen, die hier zur Diskussion gestellt und anhand von Haiku-Beispielen aufgeschlüsselt worden sind.

Dabei ist einmal mehr ein Katalog des Grundsätzlichen aufgestellt worden:

1. Das Haiku ist keine Erbauungslyrik, weshalb es direkte Gefühls-äußerungen ausschließt.
2. Keine abstrakten Begriffe, sondern direkte Aussagen verwenden.
3. Das 5-7-5-Schema ist eine gute Einstiegs-/Lernhilfe, aber kein „Evangelium", da die europäischen Sprachen mit dem Japanischen in Bezug auf Silbenzählung nicht vergleichbar sind.
4. Die Form ist also keine Vase, die gefüllt werden muss, sondern nur ein Gestaltungsmittel.
5. Die größtmögliche Kürze ist anzustreben, ohne dass es zu sprachlichen oder grammatischen „Verrenkungen" kommt.
6. Der Augenblick als unmittelbare Wahrnehmung ist entscheidend, es reicht aber weder eine reine Beschreibung noch ein bloßes Stimmungsbild.
7. Die Gegenüberstellung von zwei Bildern ist wichtig, um die Forderung nach „Kire" (Schnitt) zu erfüllen.

Die wichtige Frage: „Wie können meine Haiku besser werden?", hat folgende Antworten gefunden:

1. Haiku anderen vortragen, um Kritik zu erfahren.
2. Haiku ruhen lassen, um den Prozess der „Kindwerdung" evtl. durch Änderungen abschließen zu können.
3. Viele Haiku lesen, um den Blick zu schulen.
4. Anhand der Kriterienliste (s. o. etc.) das Haiku zu überprüfen.

Auf Wunsch der Teilnehmer wird das fünfte Treffen zur selben Zeit (ab 10. 00 Uhr) am selben Ort (ehem. Robert-Koch-Schule) am **12. November 2017** stattfinden.

Petra Klingl

Die DHG auf der Leipziger Buchmesse

Beate und Klaus-Dieter Wirth knüpften im letzten Jahr die Verbindung zur Deutsch-Japanischen Gesellschaft Leipzig und betreuten auf deren Einladung schon im Jahr 2016 einen „Haiku-Stand" der DHG auf der Leipziger Buchmesse.

Auch dieses Jahr erhielten wir wieder eine Einladung. Da Klaus-Dieter terminlich verhindert war, bat er mich, teilzunehmen.

Und so düste ich am Sonntag, dem 26.03.2017 Richtung Leipzig. Unsere Ansprechpartnerin Silvana Walther von der DJG Leipzig schickte mir vorab eine Tageskarte.

Es war leicht, den Stand zu finden, da er sich in der Mangahalle befand. So lief ich einfach den vielen buntgekleideten jungen Leuten hinterher. Ihre fantasievollen Outfits und einzigartigen Kostümierungen waren eine Augenweide. Und ich dachte schon, der Jugend ist die Farbe abhandengekommen …

Am Stand rückten kurzerhand alle zusammen, und ich präsentierte unser aktuelles Sommergrasheft, „Der Duft des Tuschsteins", DHG-

Postkarten, Flyer und von mir kreierte Postkarten, ein Origamibooklet und mein Haiku-Buch. So waren nebeneinander die DJG Leipzig mit viel Informationsmaterial und Preisausschreiben „Wie gut kennst Du Japan", eine japanische Schmuckkünstlerin (Origamischmuck), die DHG, eine Origamikünstlerin und ein Kalligraf (schrieb Namen auf Japanisch) vertreten. Eine sehr gute Mischung, und so war der Stand auch immer gut besucht, obwohl ich das inmitten der Manga-Atmosphäre nicht vermutet hätte.

Schon am Tag zuvor verteilten die Leipziger fast alle Flyer und Postkarten, die Klaus-Dieter geschickt hatte. Auch ich hatte am Ende des Tages kaum noch Flyer und Postkarten übrig. Es gab viel Interesse und zahlreiche Gespräche. Besucher erzählten von ihrer Japanreise. Viele Lehrer informierten sich über das Haiku-Schreiben. Jugendliche schwärmten von ihrer Liebe zu Japan und zum Haiku. Vielleicht findet ja doch der eine oder andere zu uns.

Und ich denke, es ist eine gute Gelegenheit für die DHG, Werbung zu machen. Für uns entstanden dadurch keine Kosten, weil die Tageskarte und der Stand kostenlos waren. Es hat mir einen riesigen Spaß gemacht.

Beschwingt und guten Mutes zog ich Richtung Bahnhof – tschüss bis nächstes Jahr!

Mitteilungen

Neuveröffentlichungen

1. Sonja Raab: NICHTS. 116 Haikus, Lyrik und Erzählungen über das Nichts. BoD-Verlag, Norderstedt. 147 Seiten.
   ISBN 978-3-7412-9868-4.

2. Traude Veran: GEDANKEN REISEN. Haibun. Erscheint überarbeitet im Verlagshaus Hernals, Wien, voraussichtlich Herbst 2017.
   57 Seiten.

3. Christa Beau: Mondlicht zündet die Stimmung an (Haiku – Tanka – Haibun – Haiga). epubli GmbH, Berlin. 2016. 74 Seiten.
   ISBN 978-3-7418-1885-1.

4. Jean-Claude Lin: Heimkehren. Die Kunst des Haiku. Verlag Freies Geistesleben, Stuttgart. 2017. 109 Seiten. ISBN 978-3-7725-1710-5.

5. Gerhard A. Spiller: Sinnliche Holdseligkeit. Liebeslyrik in Form von Haiku. BoD-Verlag, Norderstedt. 2016. 108 Seiten.
   ISBN 978-3-7412-7164-9.

6. Rainer Randig: Haiku-Förmchen. Schreibbilder. Hardcover. BoD-Verlag, Norderstedt. 2017. 164 Seiten. ISBN 978-3-7431-9213-3.

7. Gabriele Hartmann: „etwas Gelbes", das Buch. Haibun und Fotografie. 35 x 45 cm, Plexiglas, handgeschöpftes Seidelbastpapier, DVD, limitierte Auflage (24 Stück), nummeriert, signiert. Ralph Günther Mohnnau (Hrsg.), Verlag Edition alpha sieben, Sulzbach. 2017.
   Zu beziehen unter: wolmueller@alpha-sieben.de

8. Gabriele Hartmann: „etwas Gelbes", das Künstlerbuch. Haibun und Fotografie. Pop Up Poesie, 35 x 45 cm, Plexiglas, handgeschöpftes Seidelbastpapier, DVD, limitierte Auflage (24 Stück), nummeriert, signiert. Ralph Günther Mohnnau (Hrsg.), Verlag Edition alpha sieben, Sulzbach. 2017.
   Zu beziehen unter: wolmueller@alpha-sieben.de

9. Gabriele Hartmann: „lausche den Stimmen …", Haiku aus 2016. Teil 1. bon-say-verlag, 2017. 100 Seiten.
   Zu beziehen unter: info@bon-say.de

10. Gabriele Hartmann: „vom gleichen Blau …", Haiku aus 2016. Teil 2. bon-say-verlag, 2017. 100 Seiten.
    Zu beziehen unter: info@bon-say.de

11. Brigitte ten Brink und Gabriele Hartmann: „Eselsohren …". 32 Tan-Renga. bon-say-verlag, 2017. 20 Seiten.
    Zu beziehen unter: info@bon-say.de

12. Brigitte ten Brink und Gabriele Hartmann: „vom Feinsten …". 16 Rengay. bon-say-verlag, 2017. 20 Seiten.
    Zu beziehen unter: info@bon-say.de

13. Silvia Kempen, Brigitte ten Brink und Gabriele Hartmann: „freier Fall …". Rengay, Doppel-Rengay und New Junicho. bon-say-verlag, 2017. 20 Seiten.
    Zu beziehen unter: info@bon-say.de

14. Ingrid Töbermann: Haiku-Lichtblicke. Haiku-Spaziergänge durch Berlin. BoD-Verlag, Norderstedt. 2017. 80 Seiten.
    ISBN: 978-3-7431-8878-5.

15. Simone K. Busch: von Schatten trinken. sipping from shadows. Haiku in Deutsch und Englisch. Einleitung von Gerd Börner und Catherine

Urquhart. Mit 14 Fotografien in schwarz-weiß. BoD-Verlag, Norderstedt. 2017. ISBN 978-3-7431-4340-1. 132 Seiten.

16. Volker Friebel (Hg.): Südwind. Haiku-heute Jahrbuch 2016. Edition Blaue Felder, Tübingen. 2017. ISBN 978-3-9603-9008-4. 104 Seiten. PDF-Version auf haiku-heute.de

Haiku- und Tanka-Mentoring

Für das **Haiku-Mentoring** stellen sich zur Verfügung:

| Claudia Brefeld | claudia.brefeld@ dhg-vorstand.de |
| Brigitte ten Brink | brigitte.tenbrink@gmx.de |

Für das **Tanka-Mentoring** stellen sich zur Verfügung:

| Tony Böhle | tonyboehle@web.de |

(Falls Postadressen gewünscht, bitte beim DHG-Vorstand anfragen.)

Wir möchten alle DHG-Mitglieder ermuntern, diese Möglichkeiten des Austausches zu nutzen, und nehmen gerne zukünftig weitere Namen in diese Listen auf, die wir – aktualisiert – in jedem SG vorstellen werden.

Das Haiku-Quiz

Und hier die Auflösungen der Runden 16, 17 und 18 in SG 115:

Runde 16: **Honkadori (lit. Bezug – SG 107)**
Runde 17: **Yosa Buson**
Runde 18: **Haiku-heute Jahrbuch**

Sonstiges

1. EINLADUNG: Write like Issa

Entgegen der Ankündigung in SOMMERGRAS 115 hier eine
Korrektur:
David G. Lanoue teilte uns mit, dass nicht das ganze Jahr 2017 über zu
diesem Aufruf Haiku eingereicht werden können. Einsendeschluss war
der 1.3.2017.

Covergestaltung
Das Cover dieser Ausgabe wurde von Paul Bernhard gestaltet.
Paul Bernhard wurde 1944 in Interlaken (Schweiz – Kanton Bern) geboren. In den letzten 20 Jahren seiner beruflichen Tätigkeit arbeitete er in der
Versicherungswirtschaft.
Durch seinen Vater inspiriert fotografiert er seit seiner Jugendzeit und ist
zwischenzeitlich seit 45 Jahren in einem Fotoklub. Sein allumfassendes
Interesse machte aus ihm einen Allrounder. So sammelte er über viele
Jahre Erfahrung in der analogen und digitalen Fotografie. Er versucht mit
seiner Sichtweise, mit Bildern in Farbe und Schwarzweiß zum Hinsehen
und Innehalten beizutragen, nach dem Grundsatz: Wer fotografiert, sieht
alles mit „offenen" Augen.
Durch ZEN-Fotokurse bei Jo Fahl im Engadin (St. Moritz) hat man ihm
auch die Haiku-Dichtung näher gebracht. Er sagt dazu: „Diese Dreizeiler
faszinieren, es braucht aber viele Jahre Erfahrung …" Schon bald dachte
er an Kompositionen aus Bild und Gedicht und ging das Wagnis ein, einen
Bildband zu machen … d.h. Bild und Text getrennt.

Impressum

Vierteljahresschrift der Deutschen Haiku-Gesellschaft
30. Jahrgang – Juni 2017 – Nummer 117

Herausgeber: Vorstand der DHG
                      Tel.: 040/460 95 479
                      E-Mail: info@deutschehaikugesellschaft.de

Redaktion: Claudia Brefeld, Eleonore Nickolay

Titelillustration: Fotografie von Paul Bernhard

Satz und Layout: Martina Sylvia Khamphasith

Freie Mitarbeit erwünscht. Ihre Beiträge schicken Sie bitte per

E-Mail an: Claudia Brefeld, Eleonore Nickolay
                      redaktion@deutschehaikugesellschaft.de

Post an: Petra Klingl, Wandsdorfer Steig 17, 13587 Berlin

Die Meinung unserer Autoren muss sich nicht immer mit der Meinung der Redaktion decken. Die Beiträge werden von uns sorgfältig geprüft, für die Richtigkeit, Vollständigkeit und Aktualität der Inhalte können wir jedoch keine Gewähr übernehmen.

Einsendeschluss
für die Haiku- und Tanka-Auswahl: 15.07.2017
Redaktionsschluss: 25.07.2017

Jahresabonnement Inland (inkl. Porto) 45 €
Jahresabonnement Ausland (inkl. Porto) 55 €
Einzelheftbezug Inland (inkl. Porto) 12 €
Einzelheftbezug Ausland (inkl. Porto) 14,50 €
Auslandsversand nur auf dem Land-/Seeweg.

Der Mitgliedsbeitrag beträgt 45 € im Jahr und beinhaltet die Lieferung der Zeitschrift (Inland inkl. Porto, Ausland + 10 € Porto).
Die finanzielle Unterstützung der DHG quittieren wir mit Spendenbescheinigungen.